親の離婚と子ども

子どもを支える工夫を求めて

宮﨑昭夫

海鳥社

親が離婚した子どもの権利章典

1. 両親の「どちらかを選ぶか」を問われない権利。
2. 両親間の法的紛争の詳細を知らされない権利。
3. 一方の親から、他方の親の人格やパーソナリティの「欠点」について、聞かされない権利。
4. 一方の親と電話で話している内容を、他方の親に聞かれない権利。
5. 面会交流で過ごした内容を、他方の親から詳しく尋ねられない権利。
6. 一人の親から他方の親への、伝言者となることを頼まれない権利。
7. 一人の親から他方の親へ、嘘を伝えることを頼まれない権利。
8. 元夫婦間のことに関し、相談相手を頼まれない権利。
9. どんな感情であろうと、感情を表現する権利。
10. ある感情を表明しないことを選ぶ権利。
11. 両親間の紛争に巻き込まれない権利。
12. 両親のどちらをもを愛することに、罪悪感を感じないでおられる権利。

※本章典は、ニューヨーク州裁判所事務総局が刊行した、親教育用の『離婚しようとしている親へのハンドブック』に示されている、Bill of Rights for Children Whose Parents Are Separated or Divorced の訳である。

出版にあたって

宮﨑昭夫

1．私の問題意識

　筆者は大学院生時代に、心を病む人と関わりを持つ機会が与えられた。このため、精神衛生センター（現在の精神保健福祉センター）や精神病院に出入りしていた。社会人の第一歩を踏み出したのは、家庭裁判所の職員としてであり、家庭裁判所調査官（補）として家庭裁判所で働く機会が与えられた。家庭裁判所は主に、少年部と家事部から構成されている。少年部では非行少年の更生への援助が大きな課題であり、家事部では離婚や遺産分割などの様々な家族紛争の解決が大きな課題である。

　筆者は初任のおりに家事部に配属された。異性へのあこがれの強い若い独身の時期に、生々しい離婚の実態の一部を垣間見ることが出来た。印象に残っているケースの一つは、子どものいるある夫婦の離婚のケースであり、仮にＡケースとしよう。子どものいる夫婦の離婚の場合は、通常は父母双方ともに親権者になることを希望することが多い。わが国では共同親権が認められておらず、父母のどちらかを親権者に定める単独親権制度のために、離婚の調停では双方が親権者を希望し、親権者の帰属の処理に時間をとられることが通常である。ところがＡケースでは、父母双方ともに親権者を希望せずに、相手方に親権者を引き受けるようにとの主張であった。詳しく事情を聞くと、結婚中にもかかわらず父母それぞれにすでに愛人がおり、離婚して愛人と再婚し、新しい生活を切り開きたい希望であった。このため父母ともに、子どもが邪魔になっている状態であった。このケースを担当して、親に愛されずに、親に捨てられる子どもの悲しみを、

知ることになった。

　家庭裁判所で離婚に関する知識・経験を積む中で、離婚の中でも精神障がい者の離婚に関心を持つようになり、この時期に書いたのが、本書末尾に所収している「精神障害者の離婚について」の論文である。筆者にとっては初めて活字になった論文でもあり、愛着の強い論文である。現在を基準にして考えると、改正された法制度も含まれており、用語等には差別的であると評価されるかなり古いものも含まれてはいるが、筆者の問題意識の変遷を示すためにあえて本書に所収した。

　家庭裁判所で5年間勤務した後、職場を教職に転じた。岡山県立短大で9年間、香川県にある四国学院大学で14年間働いた。離婚のことは気になってはいたが、生のケースにふれる機会がなく、研究対象とすることには無理があることに気づいた。このため大学に移ってからは、老人福祉や地域福祉に関する研究、それも臨床的というよりも、制度的な研究を重ねてきた。岡山県立短大時代と四国学院大学時代に、それぞれ米国留学の機会が与えられた。留学中は米国とカナダの老人ホームを中心に、かなりの福祉施設・機関を訪問する機会があったが、離婚問題に関連する機関や施設は訪問していない。大学を定年退職した後に、想定していた以上に離婚問題と関わりを持つことになり、米国留学中に離婚問題も研究しておけばと反省することしきりである。

　筆者は1996年に四国学院大学から、福岡県立大学に職場を転じた。裁判所関係者より調停委員への就任を打診され、1998年10月に家事調停委員に任じられた。その時の気持ちは、若い日に書いた「精神障害者の離婚について」の論文を補完するような論文を書きたいという気持ちであった。大学教授としての本務が多忙なこともあって、調停委員としては限られたケース数しか担当することは出来なかった。限られた担当ケースの中には、精神障がい者が当事者であるケースもあったが、統合失調症などではなく、うつ病ないしうつ的傾向の当事者であった。

　精神障がい者の離婚に関して何か書きたいという気持ちはあっても、担

当ケース数が少なく、取り組むことが出来なかった。それに代わって問題意識に浮上してきたのが、「親の離婚と子ども」という課題である。裁判所に係属する離婚のケースには、子どもがいることが多い。子どもは直接調停には出席しないが、親の離婚が子どもにどういう影響を及ぼすのか、気になりだし内外の文献を少しずつ読み進めていった。諸外国は児童の権利条約の理念と向き合い、夫婦の別れを親子の別れにしない工夫を重ね、さらに子どもに対する親の離婚のマイナスの影響を減らすために、様々な工夫を重ねていることが分かってきた。

2. FPICでの学び

2008年3月に65歳の定年で福岡県立大学を退職した後は、いくつかの大学の非常勤講師として働くとともに、家事調停委員を続けた。さらには、公益社団法人家庭問題情報センター(Family Problems Information Center、通称FPIC)福岡ファミリー相談室のメンバーに加えていただいた。福岡ファミリー相談室では、通常の相談業務の他に、親が離婚した子どもと非同居親との面会交流援助の業務や、養育費等の研修会の講師などを担わさせてもらった。その他に、離婚に関連する英語文献の月例輪読会を結成し、先輩や仲間と英語文献を定期的に読み進めることが出来た。

英書輪読会で一冊目に読んだのは、Alison Clark-Stewart & Cornelia Brentano(2006). *Divorce: Causes and Consequences.* Yale Univ. Press. である。イエール大学現代心理学シリーズの一冊として刊行されたものであるが、離婚に関する心理学的研究を中心にしながらも、歴史研究や他の行動科学からの所見を含めたものであり、米国の離婚研究の厚みの一端にふれることが出来た。二冊目に読んだのは、Nicholas Long & Rex Forehand (2002). *Making Divorce Easier on Your Child*. Contemporary Books. であり、離婚問題に直面している親向けに、子どもに対する離婚のマイナスの影響を、いかに軽くするかを中心に書かれたものである。三冊目に読んだのは、Peter G. Jaffe, Nancy K.D. Lemon & Samantha E. Poisson (2003).

Child Custody & Domestic Violence. Sage. であり米国、オーストラリア、カナダ、ニュージーランドでの、離婚にともなう監護の仕組み、DV（ドメスティック・バイオレンス）と監護者の決定、ハーグ条約への対応などを学ぶことが出来た。四冊目に、Peter J. Favaro (2009). *Smart Parenting During and After Divorce*. McGraw Hill. を読んだ、離婚後の共同監護をスムーズに進めるための、米国的な知恵と工夫を学ぶことが出来た。五冊目に読んだのは、Zoe Stern, Evan Stern & Ellen Sue Stern(2008). *Divorce Is Not The End Of The World*. Tricycle Press. である。今までの本は、専門家・研究者が執筆しているのに対し、本書は離婚を経験した母親と男女の子どもの3人が執筆しており、離婚の渦の中で考えたこと、離婚後10年の振り返りで考えたことを、離婚の当事者である母親と子どもの目線で書かれたものである。使われている英語が、現代アメリカ英語らしいのも特色である。

英書輪読会で二冊目に読んだ、ロングとフォアハンドの共著の本では、子どもに最もストレスとなる、親の離婚にともなう10のできごととして、下記の項目を指摘している。

これらのできごとは、親が離婚しても工夫をすれば、かなり減らすことが出来るものである。下記の項目に関しては、親の離婚を経験した日本の

表1．子どもに最もストレスとなる、親の離婚にともなう10のできごと

1.	離婚になったのは私（子ども）のせいだと、パパやママから言われた。
2.	両親が殴り合いの喧嘩をする。
3.	身内の者が私の両親の悪口を言う。
4.	私がママと過ごすことは、パパは嫌いだと言う。
5.	パパとママが私の前で言い争う。
6.	パパがママの欠点について話す。
7.	私が大好きなペットや、その他の物をあきらめなければならない。
8.	ママが不幸せそうに行動する。
9.	パパが、ママのプライベイトな生活に関して尋ねる。
10.	近所の人が、親の悪口を話す。

学生からも多くの共感を得ている。親が離婚したり、離婚しようとしている人々と関わる仕事をするものとしては、この知識を前提とした、取り組みが求められているように思われる。

3. 本書の構成

　本扉の裏には、ニューヨーク州裁判所事務総局が、離婚する父母に対し教育用に刊行している、『離婚しようとしている親へのハンドブック』の中から、「親が離婚した子どもの権利章典」の訳文を載せている。日本では「権利」という概念は抽象的な使われ方が多く、何を意味しているかが不明なことも多い。これに対し米国では、権利の内容を具体的に示すことが多く、日常生活に活かしやすい工夫を行っている。親が離婚した子どもの権利に関し、わが国でも議論が深まることを期待して掲載した。

　第一章の「子どもに対する離婚の影響」は、自らの学びとFPICの英書輪読会で学んだことを通して考えた、離婚が子どもにどのような影響を及ぼすかに関して、スケッチ的にまとめたものである。子どもに及ぼす離婚の影響に関しては、どのような離婚であったかが大きな影響を及ぼすとともに、子どもによって個人差が大きく論争的な課題であるが、筆者は深刻な影響を及ぼしうることを前提に論を進めていきたい。

　第二章の「子どもに離婚をどう説明するか」は、英書輪読会で学んだ内容とFPICが刊行してきた文献から学んだことを、福岡ファミリー相談室の研修会で話題提供した内容を中心に書き下ろしたものである。親の離婚は子どもにとっては大激震にあったような大きな出来事であり、後の生活に大きな影響を与える。しかし、親が行う離婚の説明の仕方によっては、ショックを一定程度和らげることが出来る。わが国の市販の書籍では、親から子どもへの離婚の説明を取り上げたものが少ないので、本書に取り上げた。

　FPICで担当した面会交流援助のケース数はそれほど多くはなかったが、生のケースを持つことのインパクトは強かった。調停委員として家裁で見

える面会交流には、通常は子どもは登場せず、父母の対立の調整が中心である。面会交流の援助担当者として担う生のケースでは、面会交流の中心である両親間の板挟みにあいやすい微妙な立場の子どもと触れあい、日頃子どもに会えない面会親の切なさと、離婚後のそれなりに安定した生活を乱されたくない監護親の不安にふれる機会となった。

　外国の文献から見える面会交流は、わが国とは文化も社会も異なる場での、異質の面会交流が中心ではあるが、高次紛争家族の場合は洋の東西を問わず、似たような課題があることに気づかされた。

　調停委員として、面会交流の援助者として、文献研究者として、の三つが整理のつかないままに、頭の中に雑居するようになった。その中で、調停委員の自主勉強会等の講師を担当する中で、面会交流に関して自分なりに整理する必要を感じるようになった。このために、各種研修会や勉強会のために作ったレジュメを手がかりに書き下ろしたのが、第三章の「面会交流を支える理論」と第四章の「面会交流で生じる問題と支援策」である。

　筆者は現在、福岡ファミリー相談室のメンバーであるとともに、仲間とともに北九州市でNPO法人の認証を受け、北九州おやこふれあい支援センター（愛称「こふれ」）という面会交流センターを立ち上げ、その業務に従事している。ないないづくしからのスタートであったが、多くの方々から物心両面にわたるご支援をいただき、面会交流援助を行っている。わが国での面会交流センターの現状は、羅針盤のない船のような状態で、方向性がはっきりしないことが多い。この領域の研究の発展によって、いつかは羅針盤となるものを得たいという思いである。

　離婚後は別居親との関係を断ち、同居親だけが子どもの養育にあたるという従来の方法から、離婚後の子どもの心を支える方法として、離婚は夫婦の別れではあっても親子の別れになってはいけないという理念に基づき、何らかの形での共同養育が多くの国で求められるようになってきた。このため、離婚後の別々の家に住む父母がバラバラに子どもに接することから生じる混乱を避け、比較的一貫した養育を行うための工夫が求められた。

その中で、養育プラン（Parenting Plan）の策定という手法が開発された。養育プランとは、面会交流を含めて離婚後の子どもの養育に、父母双方がどのような方針で、いかに関わるかを明らかにしている文書である。

　養育プランに関しては、「親の離婚と子ども―養育プランを中心として―」と題する、調停委員を対象にした研修会の講演録を手がかりに、第五章に「養育プランを考える」として掲載している。次いで、「養育プランを考える」で取り上げたテネシー州の養育プランの書式の日本語訳を第五章の資料として掲載している。日本では考えつかない程詳細な養育プランが、子どもがいる離婚するカップルのほぼすべてに求められていることは印象深い。

　現在の米国では、離婚にあたって養育プランの作成は、州によって異なり、養育プランの作成が必須の州もあれば、任意の州もある。さらに州政府が養育プランの書式を定め、離婚にあたって決めなければいけない項目を指定している州もあれば、書式の指定がない州もある。本書では、筆者が留学中に過ごしたため、なじみがあるテネシー州の養育プランを取り上げたが、ウイスコンシン州、オレゴン州、コロラド州なども、州政府が書式を定めている。なお離婚にあたって、子どもの養育プランを離婚する父母が共同で作成するという手法は、英語圏ではごく普通の営みであり、米国だけでなくカナダ、英国、オーストラリア等でも行われている。

　日本では長く養育プランの導入は行われてこなかったが、2014年4月より兵庫県明石市が市独自に「子どもの養育に関する合意書」と「子ども養育プラン」の様式を定め、任意ではあるが、市民に作成を勧めている（明石市役所のホームページからアクセス可）。明石市の場合、「子ども養育プラン」は、離婚後の子育てに関しての抱負や希望を、離婚する当事者の父母がそれぞれ別々に書くメモである。「子どもの養育に関する合意書」は、米国等の養育プランの簡易版といった趣のある書面で、離婚後の子どもの養育方針（親権者、養育費、面会交流）に関して当事者の合意形成を行い、合意内容の文書に署名・捺印して契約書の形にしたものである。

養育プランの策定が法令に根拠を持たないため、明石市の様式は米国等のものと比較すると、非常に簡素なものとなっている。明石市の取り組みがきっかけになって、養育費や面会交流を含めて、子どもを離婚後どう育てるかが、離婚時の話し合いの内容の中心となり、協議離婚の場合にも文書化されていく時代が来ることを期待したい。

　なお、養育プランに関しては、2014年2月26日の衆議院予算委員会第三分科会において林宙紀議員とともに、法務省民事局長が「共同養育計画」という表現を使っており、「共同養育計画」が一般的な表現となる日がくるかもしれない。

　第六章の「離婚を考えているあなたへ」は、何らかの事情で離婚のことが頭をよぎるようになったり、具体的な課題となっている人へのメッセージの形で書いてみた。非常に不十分な形ではあるが、離婚に関わった者として、最低限度伝えておきたいと考えていることを記したつもりである。

　次いで、親の離婚を経験した学生のコメントの一部を引用させてもらった。筆者は教員生活の後半には、毎回の講義の終わりに、受講生にコメントカードの記載を求めた。筆者が大学で講義してきたのは、老人福祉論や地域福祉論のような科目であり、離婚を主題に含む科目ではない。それでも講義の中で、離婚について短くふれることがあった。そんな折には、親の離婚を経験した学生から生々しいコメントが返ってくることが通例であった。少数の短い引用であるが、学生の生々しいコメントは、本書が取扱っている課題への理解を促してくれると確信している。

　本書は筆者が興味・関心を持ったトピックを、断片的に取り上げた。このため、体系性に欠けるものとなってしまった。断片的な記述の中に、読者にとって何らかの参考になる情報が含まれていれば、望外の幸いである。

親の離婚と子ども●目次

出版にあたって 3

第一章　離婚制度と子どもに対する離婚の影響　17

1. 日本と欧米の離婚制度の比較　17
2. 横断的調査法による離婚の子どもへの影響　19
3. 縦断的調査法による離婚の子どもへの影響　23
4. 研究成果に基づく対応　26

第二章　離婚を子どもにどう説明するか　29

1. FPICの出版物での取扱い　29
2. 英語文献での取扱い　38
3. まとめと考察　44

第三章　面会交流を支える理論　47

はじめに　47
1. 面会交流に関して消極的、制限的な立場　48
2. 面会交流に関して積極的な立場　52
3. 日本と欧米の面会交流　55
4. 面会交流に関する米国の研究の一応の結論　57
5. 面会交流に関する子どもの意見の取り扱い　59

第四章　面会交流で生じる問題と支援策　65

1. 子どもや監護親が拒否する場合の面会交流　65
2. DVと面会交流　69
3. 面会交流での紛争を予防するための仕組み　72
4. 裁判所の判決や決定が守られなかった場合の対応　75
5. 日本の面会交流支援事業の現状と課題　76

6．取扱いに苦慮するケース　80

第五章　養育プランを考える　85

はじめに　85
1．児童の権利条約の理念と養育プラン　85
2．面会交流に関して　89
3．養育プラン（Parenting Plan）　93
4．養育プランのサンプル　94
5．テネシー州の養育プラン　97
6．今後日本でも課題となりそうなこと　101

おわりに　102

資料　テネシー州養育プラン（翻訳）　106
　Ⅰ．どちらの親とどう過ごすかの予定　108　／Ⅱ．意思決定　110
　Ⅲ．経済的支援策　111　／Ⅳ．他の法的目的のための主要な親（監護者）　113
　Ⅴ．本プランをめぐって不一致が生じたり、修正を求める場合　112
　Ⅵ．両親の権利　114　／Ⅶ．親の転居に関する予告　115
　Ⅷ．親教育プログラム　116

第六章　離婚を考えているあなたへ　119

プロローグ　119
1．情報収集に努める　120
2．法的知識の収集　122
3．新しい就職と学び　124
4．子どもへの配慮　124
5．離婚の決心が固まったら　126
6．弁護士を利用する場合　127
7．調停で中心的に検討すべきこと　128
8．離婚後の前配偶者との関わり方　130

エピローグ 133

附　学生のコメントから 135

附章　精神障害者の離婚について 137

はじめに 137
第一節　離婚の法制度 138
第二節　従来の研究の検討 139
第三節　家裁の調停 143
考察 153

むすびにかえて 157
参考文献 167

親の離婚と子ども

第1章　離婚制度と子どもに対する離婚の影響

　子どもに対する離婚の影響は、時代や社会構造によって大きく異なる。産業化された先進国であっても、日本と欧米はかなり異なった社会構造と離婚制度を有している。離婚制度によって、子どもに対する離婚の影響は大きく異なるので、日本と欧米の離婚制度の比較から始めてみよう。

1.　日本と欧米の離婚制度の比較

　日本と欧米の離婚制度の比較をする場合、観点によって見えてくるものが異なる。ここでは、子どもがいる夫婦に限定し、財産関係ではなく、子どもに焦点を当てて比較すると、表1－1（次頁）のようになる[1]。

　離婚後の元夫婦の関係に関しては、子どもがいない夫婦の場合は、離婚によって完全に関係を解消し、それぞれ全く別の人生を生きることが可能である。しかし子どもがいる夫婦の場合は、離婚によってきれいさっぱりと完全に関係を解消することは出来ず、子どもにとっての共同養育者という側面が長期にわたって続くという見方が、児童の権利条約等によって、国際的に強くなってきている。これにともない欧米では、同居親だけでなく非同居親も、子どもの人生にとって重要な役割を担っていることを実感できる工夫が、裁判所によっても求められている。

　多くの国では離婚するに当たって、何らかの形で裁判所を利用することが求められている。これに対しわが国では、協議離婚制度を認め、離婚を私事として、国民の自由な取扱いを認めてきた。これにともない、離婚後の元夫婦の関係や親子関係に、国家や行政は原則として関与しないという姿勢を貫いてきたように思われる。離婚に国家が関与しないことによって、

表1-1. 日本と欧米の離婚制度の比較

	日　本	欧　米
A. 裁判所の利用	協議離婚制度という、裁判所に全く行かずに離婚できる制度がある。しかも、協議離婚が離婚の9割近くを占めている。	離婚するためには、何らかの形で裁判所を利用することが必要。
B. 教育的プログラム	子どもがいる夫婦が離婚するにあたっても、夫婦に対する教育的プログラムは存在しない。	子どもがいる夫婦が離婚するにあたっては、子どもへの影響や、離婚にともなう親の権利や義務、離婚後の元配偶者との関係のあり方などに関する、教育的プログラムに参加することを求められることが多い。
C. 養育プランの作成	家事調停などによって、裁判所を利用して離婚する場合も、離婚後父母がどのように子どもの養育に関わるかに関する計画を作成する仕組みは存在しない。	離婚するにあたっては、面会交流を含め、離婚後父母がどのように子どもの養育に関わるかに関する養育プラン (parenting plan) を、裁判所に提出し、承認を受ける必要がある州や国がかなりある。
D. 共同養育	離婚後の元夫婦の共同養育の志向は、非常に弱い。	離婚後も元夫婦が子どもの共同養育にあたる志向はかなり強い。
E. 面会交流	面会交流の文化が未成熟。面会交流が行われている場合でも、回数は月に1回といった少ない回数であり、1回当たりの時間も短い。面会交流は、特別な行事とみなされやすく、日常生活の秩序を乱すものといった見方をする人も存在する。	面会交流が社会にかなり広く受け入れられている。面会交流の頻度が高く、時間（期間）が長い。面会交流は日常生活の一部であり、parenting time という英語表現どおりに、別居親が子育てにあたる時間としての受け止め方が普通。
F. 面会交流センター	元夫婦が自力で面会交流を実施できない場合等に面会交流を支援する、面会交流センターは極めて少ない。国の面会交流支援事業は萌芽期で、内容的に極めて貧弱。	元夫婦間の感情的対立が激しく、元夫婦が自力で面会交流を実施できない等の場合に支援する、面会交流センターが日常生活圏に存在する国は、かなりある。面会交流センターに対する、公的支援の制度がある国がかなり存在する。
G. 養育費	養育費の支払いが低調。	日本より、養育費を支払う者の割合が高い。
H. 子どもの心を支える工夫	離婚後の子どもの心を支える制度は、存在しない。	離婚後の子どもの心を支える制度が、存在している国や地域がかなりある。

離婚に関する行政（司法）コストを下げ、国民の自由度を高めてきた。しかしその一方で、わが国の子ども達の尊厳は守られ、人権は尊重されてきたのであろうか。

日本以外の多くの国では、恋愛や結婚の私事性は認めても、子どものいる夫婦の離婚に関しては、私事として放任するのではなく、一定程度の公的（国家の）関与を認めて、弱い立場になりやすい子どもを守る工夫を重ねてきている。

日本では毎年20万人以上の子ども（未成年者）が親の離婚を経験している。しかしわが国においては、親が離婚した子どもを物心両面から支える仕組みが必要であるという社会的認識はほぼ無く、親が離婚した子ども達は放置されており、何らの社会的支援策がない状態が続いている。筆者は無視されてきた課題としての離婚を、無視できない課題として捉え直すとともに、行政課題としても離婚のことを現代的に位置付ける必要があると考えている。親が離婚した子どもが生きやすい社会を作るために、様々な工夫を重ねることは、少子化対策としても一定の意味があると思われる。

2. 横断的調査法による離婚の子どもへの影響

任意のある時点において、親が離婚した子ども複数人と（A群）、親が離婚していない子ども複数人（B群）を、母集団からそれぞれ無作為抽出法によってランダムに選び（ランダムに選ぶということは、でたらめに選ぶということではなく、母集団の中から選ばれる確率を均等にする工夫を行って選ぶことである）、A群とB群を比較する調査方法がある。工業製品等のランダムサンプリングと異なり、人間を調査対象にする場合には様々な制限があるが、工夫が求められる。どのように被調査者（A群）を選ぶか、対照群（B群）をどう選ぶか、調査項目をどうするか、個別面接調査法によるか、集団面接法によるか、調査票の郵送法によるか等によって、様々な方法がある。

日本ではプライバシーの問題もあって、親が離婚した子どもを複数人集めることが難しい。このため、協力を得やすい人を被調査者にしがちで、親が離婚した子ども全体を母集団と考えると、母集団からはかなり偏った被調査者（例えば、インターネットのあるホームページをよく見ている人や、養育親が運動団体に関わっている人等）への有意抽出法になりがちであるといった問題がある。直井優は有意抽出法に関して「調査者が何らかの理論や主観的基準によって母集団をよく代表すると考える個体を取り出して標本とし、調査する方法。（中略）有意抽出法においては、標本誤差の範囲を確率的に評価することが難しく、標本が母集団を代表するかどうかという点を客観的に保証できない」と指摘している（見田宗介他編『社会学事典』弘文堂）。

　日本の例としては、『離婚した親と子どもの声を聴く』（社団法人家庭問題情報センター、2005年）NPO法人Wink編『離婚家庭の子どもの気持ち』(2008年)『親の離婚を経験した子どもの成長に関する調査研究』（財団法人子ども未来財団、2013年）などがある。これらの研究では、被調査者は無作為に選択されたわけではなく、さらに、対照群を欠いているという問題がある。このため日本の研究の多くは外的妥当性が低く、得られた結論を一般化することが難しい。このため、「たまたま調査した、親が離婚した子どもたちには、〇〇の傾向が見られた」ということに終わりがちである。

　米国では、親の離婚が子どもにどういう影響を及ぼすかに関する研究は盛んで、アメト（Paul Amato）は1991年に92の独立した研究のメタ解析（多くの調査研究を寄せ集めて、共通する傾向にはどんなことがあるかを明らかにする研究技法）を行っており、2001年にはその後の67の独立した研究からメタ解析を行っている。

　その結果は、離婚家庭の子どもと離婚していない家庭の子どもを比較すると、離婚した家庭の子どもは、学業成績、自己評価、人気、同輩との関係、素行不良、抑うつ、不安のいずれにおいても平均値に問題があることを明らかにしている（両群の平均値を比較しているものであって、ケース

としては離婚群にも健全な子どももいれば、非離婚群に問題がある子どもも含まれている)。なお上記は心理学的特性の比較であるが、身体面の比較によれば、離婚群の子どもの方が健康度が低く、離婚群の糖尿病は40％に及ぶのに対し、対照群では17％であり、顕著な差異が表れている。

親の離婚が子どもに長期的にどのように影響するかは大きな課題である。米国の研究を総括すると図1－1になる。なお、図の下層は幼い時に受ける影響で、中層と上層は成長につれて現れる影響を示している。

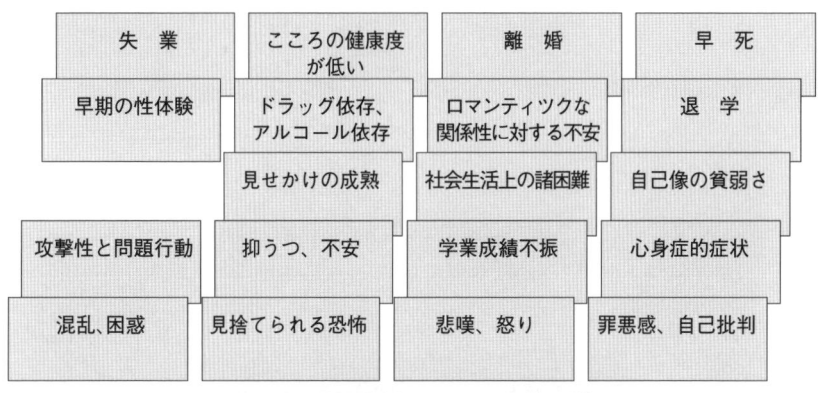

失　業	こころの健康度が低い	離　婚	早　死
早期の性体験	ドラッグ依存、アルコール依存	ロマンティックな関係性に対する不安	退　学
	見せかけの成熟	社会生活上の諸困難	自己像の貧弱さ
攻撃性と問題行動	抑うつ、不安	学業成績不振	心身症的症状
混乱、困惑	見捨てられる恐怖	悲嘆、怒り	罪悪感、自己批判

図1－1　親の離婚が子どもに及ぼす影響
(出典：Alison Clark-Stewart & Cornelia Brentano (2006). *Divorce: Causes and Consequences.* Yale Univ. Press. p.129.)

なお、子どもに対する親の離婚の影響を機械的にとらえることは適当ではない。人間にはつらい状況を跳ね返す力、回復力もある。このため、ロングとフォアハンドが指摘しているように、「より印象的なことは、子どもの適応に対する親の離婚の長期的影響の多様性である。多くの子どもは相対的にうまく適応するが、他方で深刻な問題をかかえた子どももいる」という理解が適切であろう。

それでは、親の離婚後に子どもの示す問題は子どもによって異なるが、どのような要因によって子どもが影響を受けているかに関しては、先に取り上げたアリソン・クラークスチュワート等は以下の図1－2を示している。米国のデータに基づく研究ではあるが、図1－2に登場する変数の影

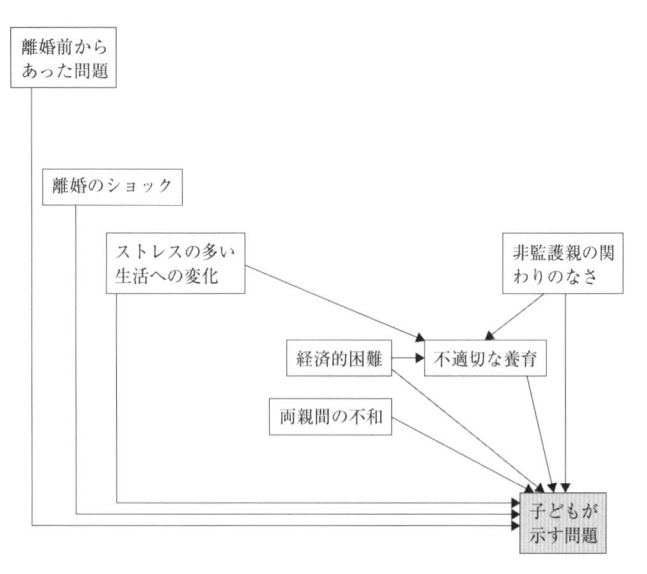

図1−2　離婚後に子どもが示す問題の要因
（出典：Alison Clark-Stewart & Cornelia Brentano(2006). *Divorce: Causes and Consequences*. Yale Univ. Press. p.151.）

響を少しでも少なくすることが、子どもを守ることにつながる。経済的制約等もあるために、理想的にはいかないが、「離婚のショック」を少なくする為に、両親が揃って子どもに離婚について説明し、「ストレスが多い変化」を少なくするため、子どもが転校するような離婚後の転居は出来るだけ避け、「経済的困難」に陥らないように計画的に離婚し、母親一人での養育によって「不十分な養育」にならないように非監護親に対し養育への協力を求め、「両親間の対立」によるマイナスの影響を減じるように、両親間の対立を減ずる工夫を行う等が、米国においては必要になろう。

　図1−3は、アリソン・クラークスチュワート等の研究による、親の離婚への子どもの適応予測因子を示したものである。米国のデータに基づく研究ではあるが、子どもの資質やパーソナリティのような「子どもの個人的強さ」が、子どもの適応に影響するとともに、子どもを取り巻く環境の様々な因子の影響を強く受けていることが分かる。「ストレスの少なさと経済的安定」は子どもに直接影響するとともに、「両親間の協力」等に影

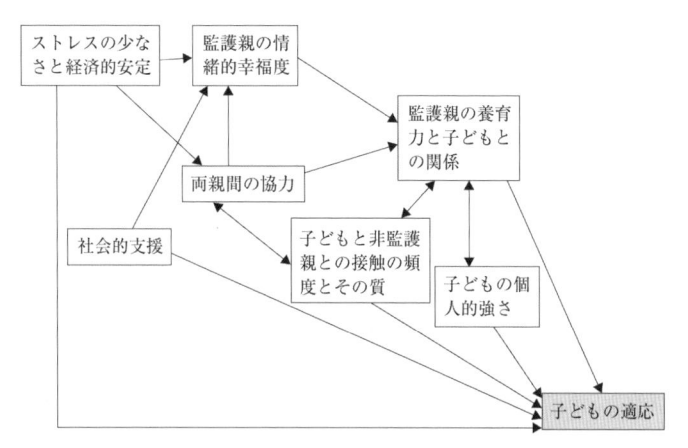

図1−3　親の離婚への子どもの適応予測因子
(出典：Alison Clark-Stewart & Cornelia Brentano(2006). *Divorce: Causes and Consequences.* Yale Univ. Press. p.174.)

し、間接的にも子どもに影響することを示している。「社会的支援」があることは、子どもの適応にプラスの効果を持つ。「監護親の養育力と子どもとの関係」が子どもの適応に影響するだけでなく、「子どもと非監護親との接触の頻度とその質」が子どもの適応に影響していることを示している。米国における援助にあたっては、これらの因子に働きかける実践が必要であることを示している。

　目下の日本には、これらに対比できる研究はないが、将来的には日本のデータに基づいて、子どもの適応予測因子と支援策を明らかにする研究が期待される。

3. 縦断的調査法による離婚の子どもへの影響

　米国カリフォルニア大学バークレー校の社会福祉学部教授を努めた故ウォーラースタイン（Judith S. Wallerstein, 1921 〜 2012 年）は長期の時間の経過の中で、離婚が子どもや離婚した夫婦にどんな影響を与えたかを本格的に研究した人である。日本にはこれに対比できる研究は全く存在しない。

ウオーラースタインらの研究は、1971年にサンフランシスコの北部のマリンカウンティ（カウンティとは米国等の地域の単位で、日本語では郡と訳されることもあるが、日本の郡とは異なり市域も含まれる）の居住者で、両親が別居し離婚の申立をしたばかりの60家族の131人の子ども（男の子48％、女の子52％、8歳以下が53％、9歳～18歳が47％）たちを対象に始まった研究である。破局後6週間集中的に調査が行われた。その18カ月後、5年後、10年後、15年目、25年目と親が離婚した（元）子どもたちと離婚した親に対するパネル調査法による縦断的調査である。

　調査は電話インタビューやアンケートを用いた簡易型の調査ではなく、著者のウオーラースタインを含む専門家たちによる数時間におよぶ面接調査であり、精密型の調査が行われている。被調査者は主に白人で、離婚時の親は中産階層だった。なお、親に対しては、比較対照グループとして27家族が導入されている。

　当初調査は1年で終了する予定であった。「わたしたちは、ごくふつうの人間であれば離婚後のさまざまな問題を1年以内に処理できると思っていたのである。」（『セカンドチャンス』17頁）、「ところが1年から1年半後にふたたび面接したところ、ほとんどの家族が危機を脱していないことがわかった。彼らの傷口は大きく開き、心の動揺と苦痛はほとんど癒されていなかった。」（『セカンドチャンス』同頁）。追加の調査を提案し認められ、18か月後の調査が行われ、以降も時系列の変化を見るために同一被調査者に何度も調査が行われた。18か月後の調査に協力したのは、子どもは108名、父親は41名、母親は53名であった。5年目の調査に協力したのは、子どもが96名、母親が54名、父親が41名であった。母子家庭の60％が、生活レベルが離婚前より2段階かそれ以上下がり、収入の激減と生活レベルの低下に苦しんでいた。

　10年目の調査に協力したのは、子どもが113名で、56％が女性、44％が男性であった。父親は36名、母親は47名の協力があった。母親はいくらか経済力を取り戻していたが、4分の1は生活に困窮していた。主に10年

目の調査をもとに出版されたのが Second Chances（邦訳、高橋早苗訳『セカンドチャンス』）、である。

　25年目の調査に協力したのは、子ども（調査時点では全員が成人に達しており、平均年齢は33歳）93名と親であった。一番年下の「子どもたち」は20代後半、年上の人は40代前半になっている「子どもたち」が大人になって彼らに何が起こっているのかをつまびらかにする研究を行っている。「どのように社会生活を営んでいるのか？幸せな結婚をしている者はどれくらいいるのか？子供はいるのか？離婚をしたり、結婚を拒絶する者は多いのか？未だに、自らの両親の離婚を、子供時代における最大の事件とみなしているのか？何かに脅えているのか？愛やセックスや結婚や離婚についてどのような価値観を抱いているのか？自分たちの人生にどの程度、失望あるいは満足しているのか？（以下略）」という問題意識から調査が行われている。

　主に25年目の調査結果を一般向けに出版したのが、The Unexpected Legacy of Divorce − a 25 Year Landmark Study（早野依子訳『それでも僕らは生きていく』）である。親の離婚を経験した5名の、子ども時代から大人への生活史を中心的に追った事例研究的内容と、それにともなう省察である。

　同書では、世の中の多くの人が抱きがちな、楽観的な離婚に関する幻想を取り上げ、離婚が深刻な長期の影響を及ぼす出来事であることを指摘し、裁判所等の対応に関しても提言を行っている。

　一つ目の幻想は、「親が幸せになれば、子供もそうなる、というものだ。子供は立ち直りが早いので、離婚によって傷ついても一時的なものだというのだ。」（31頁）と指摘している。

　「二つ目の幻想は、離婚があくまで一時的な危機でしかないという前提に基づき、破局のときにこそ私たちは最も苦痛を感じるというものだ。」（32頁）と指摘している。

　「危機は一時的なものだという考えの基になっているのは、離婚の際に、

親権や養育費などの法的な手続きが妥当に取り計らわれ、親がいくつかの講習を受ければ、子供たちはすぐに元気になれるという希望的観測である。」(33頁)としている。

しかし、親の離婚経験者の子どもは一時的な危機として認識せずに、「彼らにとって問題だったのは、離婚後の、あるいは再婚後の家庭での日々だった。子供時代に感じた悲しみ、孤独、怒りだった。7歳で親を訪ねて1人で飛行機で旅行することだった。離婚していない家庭の友達が、週末や休日の過ごし方を自分で決定できるのに比べ、否応なしに行くべき場所を決められ、存在を軽んじられたような気分になることだった。(中略)不安感を抱えたまま、大人になることだった。自分を愛してくれる誠実な女性が現れるだろうか？ 信頼できる男性に出会えるだろうか？ それとも、両親のように最後には駄目になってしまうのだろうか？ そして極めつけは、自分の子供に自分と同じような経験をさせてしまわないかと自問することだった。」(34頁)と指摘している。

このため、「これまでの認識に反して、離婚の最大の衝撃は子供時代や思春期に訪れるのではなく、むしろ、異性との恋愛が中心になる成人期に頭をもたげてくるのだ。」(38頁)と指摘している。

ウオーラースタインらの研究は、研究成果に見るべきものがある。同時に、離婚というデリケートな課題に関して、被調査者との深い信頼関係を築き、長期にわたる研究を継続的に行ったこと自体も高く評価すべきだろう。

4. 研究成果に基づく対応

横断的調査法でも、縦断的調査法でも、米国の研究によれば、離婚は子どもに深刻な影響を及ぼしうることが明らかになっていった。それにともない、親の離婚のマイナスの影響をいかに少なくするかが課題となっていった。

離婚後の母子家庭の貧窮の問題は、わが国では非常に深刻な問題である。米国でも母子家庭の貧窮は大きな問題であり、一つの解決策として、養育費確保に工夫がこらされることになった。米国での養育費制度に関しては、下夷美幸（『養育費政策に見る国家と家族─母子世帯の社会学─』2008年）が詳しい。米国では養育費に関しては、裁判所の役割よりも州機関（行政）の果たす役割が大きい。日米の大きい違いの一つは、米国では支払った養育費を確定申告（米国では日本と異なりサラリーマンを含めて、原則として収入のある全員が確定申告を行う）にカウントすることが出来る。これに対し日本では、支払った養育費は確定申告では考慮されない。このため、わが国の方が支払う側の親にとって、養育費の負担を重く感じる面があろう。

　米国では養育費の不払いに対しては、日本の過料のような経済的制裁の他に、運転免許証やその他の資格・免許の停止、パスポートの停止など、かなり多様な制裁が可能になっている。それでも、「あなたが監護親であれば、養育費を常に安定して受け取れることを前提にした将来計画を立てないで下さい。元配偶者が失業したり、病気になれば、何が起こるでしょうか？　そのような問題が起こる可能性を考慮した、柔軟な対応が必要です」と米国の専門家は示唆している。

　米国では、母子家庭の子どもの大学進学率の低さが問題となっている。米国では20歳で成人ではなく、18歳で成人となる。このため養育費の対象は未成年者の間ということになり、18歳という大学進学年齢になると、養育費の対象から外れる。米国でも、大学生になった子どもに別居親が養育費を支払う例はあるが、法律を厳格に運用すると、養育費の対象から外れる。このことが、米国の母子家庭の子どもの大学進学率の低さに結びついているとの指摘がある。

　目下の日本では20歳で成人のために、大学入学時期の18歳や19歳は未成年ということになり、働いていなければ養育費の対象になる。憲法改正と関連して、国民投票法案が現実的課題となり、18歳から投票できることと連動して、18歳成人説が出てきている。18歳成人制度を採用するかは、

国民の判断であるが、20歳に満たない母子家庭の大学生への養育費が打ち切られない工夫をすることが求められているように思われる。

離婚後の子どもの心を支える方法としては、同居親だけが子どもを育てるのではなく、非同居親も子育てにあたり、離婚後の子どもの心の空白をうめる工夫が求められてきた。このため、面会交流を含めて非同居親との接触を積極的に図り、同居親と非同居親の双方が子育てにあたるにあたっての混乱を避ける工夫として、養育プランの策定が求められてきた。

親の離婚後の子どもの心の動きとその対応策、面会交流の進め方、養育プランの策定や養育費に関して関係者の理解を深めるために、米国では多くの州で離婚する親に対する教育プログラムが発展してきた。さらに、元夫婦間ではスムーズに面会交流が出来ない元カップルに対し、面会交流センターが各地に取り組まれてきた。なお面会交流や養育プランに関しては、本書では第三章から第五章で取り上げている。

養育プランの策定や面会交流の実施といった、一般的な手法では対応できない深刻な症状を示す親が離婚した子どもたちには、精神保健の専門家（米国では、精神保健の専門家とは、精神科医、臨床心理士、ソーシャルワーカーを指している）が、個人に対するカウンセリングやグループを対象にしたグループワークなどの取り組みを行っている。

色々な工夫を重ねてはいても、米国の現状は決して理想的という状態ではない。もともと「離婚」という、いわば深刻な悲劇への対応策であり、工夫を重ねても多くの問題が残る。それでも、問題を直視し、工夫を重ねている姿からは学べることがあるのではなかろうか。少なくも、わが国のように問題を放置し、親の離婚を経験した子どもの問題から目をそらすあり方よりはましではなかろうか。

注1　米国にあって日本にない離婚給付の仕組みにAlimonyがある。Alimonyは離婚扶養料と訳されることもあるが、生活力のない女性が離婚後も生きていけるように、裁判所の命令によって、夫から別れた妻に支払われる扶助料である。

第二章　離婚を子どもにどう説明するか

　離婚は突然起きることもあるが、多くは一定期間の夫婦の紛争を経て、最終的な帰結として離婚にいたることが多い。このため通常の場合は、一緒に家庭生活を過ごしている子どもは何らかの程度、父母間のもめごとを知っており、改めて説明するまでもないという考え方もあるが、子どもへの説明が重要であるという考え方もある。離婚にともなう様々な問題に関して多くの情報を発信してきたわが国の家庭問題情報センター（ＦＰＩＣ）は、子どもへの離婚の説明をどう発信してきたのであろうか。さらに、私たちが学んだ英語の文献では、離婚に関する子どもへの説明をどのように取り扱っているのであろうか。

1．ＦＰＩＣの出版物での取扱い

（1）『ふぁみりお』で取り上げられた内容

　ＦＰＩＣの機関紙である『ふぁみりお』では、1996年に刊行された第9号で、「親の離婚を子どもにどう伝えるか」を取り上げている。「離婚を決心したときには、親はそれを子どもに伝えなければなりません。本号では、子どもの心を少しでも傷つけないように、親が離婚を子どもに伝えるときに配慮すべきことを述べてみます」として5点についてふれている。

　1、正直に話す……。「子どもはそれなりに理解します。隠し事や嘘は、子どもに余計な想像をさせ、不安を増大させます」と指摘している。

　2、子どもに責任を負わせない……。「別れた方がよいか、父母のどちらが正しいかなど、子どもに意見や判断を求めてはいけません。子どもはそれを期待される立場にはないのです。子どものために離婚しないで我慢す

るという言い方も、子どもに負担を感じさせることが多いものです」と指摘している。

　３、他方の親の悪口を言わない……。「子どもは両親からその血を引いています。相手が悪いから離婚するという親の言い方は、子どもに自己否定や自己嫌悪の感情をもたらします」と指摘している。

　４、結婚は全人生の失敗ではない……。「親は結婚には失敗しましたが、仕事や友人関係などはうまくいっているかもしれません。また、今は落ち込んでいますが、いずれ立ち直れるでしょう。人生すべてに失敗したわけではないのです。子どもにそのことを伝えることが大切です」と指摘している。

　５、いつまでも親子は親子……。「親の離婚によって、子どもは両親とともに暮らさなくなるだけで、生涯、親子の縁は切れないのだと伝えることが大切です」と指摘している。

　なお、同様の内容のものが2000年に刊行された『ふぁみりお』21号にも掲載されている。

（２）『夫婦の危機と養育機能の修復』2003年、の内容。
　この出版物はＡ５版で参考文献を含めて本文で185頁あり、巻末には夫婦の問題や子育てを支援する上でのヒントを絵図にまとめたものがついている。本書は家裁調査官実務の中で考えてきたことと、文献研究から学んだことから構成されており、独自の調査研究の成果ではない。本書では、「日頃から非親権者が親としての意識を持ち続けられるような関係を維持する必要」（120頁）があるということを前提に論を進めている。「親の離婚後も、子は２人の親のいづれをも失うことなく絆を保ち続けることが親子の自然な情に叶ったことであり、また子の成長にとっても望ましいことです。」（ⅱ頁）と記し、さらに「基本的には、子どもは、会いたい時にはいつでも別れている親に会い、連絡がとれるようにしておきたいものです。」（81頁）と、面会交流を積極的に位置付けている。子どもが示す反応

に対しては、「親にとって、離婚は大変な時期ですが、無力な子どもにとってはもっと大変な時機なのです。(中略)怒りの感情を持っても、出してもいいこと、お母さんも同じように寂しいことを伝えることで安心できるのです。」(111頁)と、感情表出を認めている。さらに本書では、親の離婚について子どもに積極的に説明することを求めている。以下は、項目に従って内容を取り上げてみよう。

①離婚の渦の中にいる子どもの心境や心理について

「紛争中の父母は、夫婦のことだけでなく、子はどのように感じているのか、不安な気持ちにどんな手当をしたらいいのかなどについて、配慮する必要があります。子は親が想像する以上に感づいたり、きょうだいで息を潜めて喧嘩の成り行きを心配しています。特に別れ話に傾く場合には、子の心的状態のよいときに子の気持ちを傷つけず不安を軽くするように配慮して、両親は別れ別れになるけれど親子関係はずっと変わらないことを話し、気持ちもよく聴いてやり、聞かれたことには誠実に答えてあげることが必要です。子の存在をきちんと認めることです。」(46頁)と指摘している。

「子どもは、離婚の紛争の渦中にありながら、多くの場合は、取り残され、離婚ということがどういうことか、離婚したらどう変わっていくのか、わからず不安の中にいます。(中略)子どもは親の離婚について、いろいろ考えています。自分のせいで離婚をしたのではないか。自分が悪いことをしたから、離婚してしまうのではないか。自分を嫌いになったから、捨てられ、いなくなってしまうのではないか、と心の中で考えています。」(77頁)。さらに「親の1人が出てしまった。両親は離婚するのだろうか、どうしてか、僕のせいか、私が悪い子だったからか、子どもはいったいどうなるのか、どちらと一緒に住むのか、施設にでも入れられてしまうのか、もう親とは会えないのか、転校するのか、引越しをするのだろうか、友達とも会えなくなるのだろうか。今の状況や事情がわからないこと、これからどうなるかわからないことが、子どもを不安にさせるのです。」(107～108頁)

と指摘している。

②離婚や別居親について子どもに説明しないとどうなるか

「子どもが乳幼児で、今はお父さんを覚えていなくても、そのうち幼稚園や小学生になり、皆にお父さんがいるのに、自分にはお父さんがいないことを知ります。その時の欠落感は大人が考える以上に大きいものです。別れてもお父さんはかけがえのないお父さんです。どんなに小さくても、離婚の事実、父親がいることを話しておき、会えるようにしてあげるべきです。」(84頁)と指摘している。

③何をどのように子どもに伝えたらよいか

「子どもの年齢に合わせた、わかりやすい話し方で、どういう事情で離婚をするか、これからどうなっていくか、今どういう状態かを話してあげてください。離婚は、お父さんとお母さんの理由で、子どものあなたのせいではないこと、これからのことを、2人で相談しているから心配しないでいいことを話すことが大切です。相手の浮気や喧嘩の原因など、事細かに話す必要はありません。相手の悪口を一方的に言って、非難、攻撃するような話し方は子どもを傷つけます。(中略)離婚しても別々に暮らしても、お父さん、お母さんは、変わらずにあなたを愛しているし、あなたの面倒をみたり、会うことができるから、心配しないでいいということを、話してあげましょう。」(108頁)と指摘している。

さらに、「子どもが夫婦の喧嘩を見ていたので離婚理由も知っているという場合でも、同居親から離婚したことを話すべきでしょう。黙っていると子どもはあれこれと想像して不安になるものです。この場合、相手を悪者にしないこと、子どもには相手の血も流れていますから親の悪口を聞くと傷つき、自信をなくします。子どもは同居親と違う感情や思い出を別居親に対して持っていることを忘れてはいけません。年齢に応じて分かりやすく話すことです。例えば「お父さんにもたくさんの良いところがあるけれど、一緒にいると喧嘩になってしまうので、別に暮らすことにした。」「別

に暮らしてもお父さんであることに変わりないから、会いたい時は会えるよ」(130頁)と付け加えてくださいと指摘している。

(3)『離婚した親と子どもの声を聴く』2005年、の内容

　本報告書はＡ４で本文が78頁に、資料として11頁の調査票が付け加えられている。調査方法は表１に示しているが、面接調査をしたものが56ケース、書面調査が19ケース、ホームページへの書き込みが122ケースであり、異質な調査方法が混在している。被調査者の属性としては、親としての立場が101ケース、子としての立場が96ケースである。性別では、親としての立場も子どもとしての立場も、「女性」の占める割合が約8割である。被調査者は、ＦＰＩＣのホームページでの協力要請、「朝日新聞」及び「日本経済新聞」での研究紹介や、民事鑑定等の鑑定人からの紹介などから構成されており、日本の離婚経験者を母集団として考えると、かなり偏りがあり、日本の離婚経験者やその子を代表しているとは評価できないが、貴重な実証研究の成果である。調査期間は、2004年6月から同年の10月末日までである。

表2-1　調査方法

調査方法	親としての立場 男性	親としての立場 女性	子としての立場 男性	子としての立場 女性	合計
面接	8	22	8	18	56
書面調査	1	11	0	7	19
ホームページ	12	47	13	50	122
合計	21	80	21	75	197

　親の回答によれば、離婚について親が子どもに説明をしているのは、101人中71人(70%)で、説明をしなかった親は28人(28%)である。「同席ではないが父母が説明したのは101例中9例で、ほとんどが同居の監護者

のみから説明を受けており、一方的な情報しか子どもに入っていないケースが多いと言える」(12頁)と指摘している。

子の回答によれば、「親から説明があった」70人（73%）、「親以外（祖父母、親戚、裁判所）から説明」7人（7％）、「説明がなかった」17人（18%）、「不明、無回答」2人（2％）であった。子どもの意見は多様なものがあるが、二つの意見だけ示しておこう。「きちんと説明してほしい。説明しなくても察してほしいという考えは甘い。」。「家族だから分かるはずという思い込みは捨てて、親はどんなことを考えていてどうしたいか、子どもが何を考えているのか話し合ってほしい。」。

考察として、離婚の説明については、親と子のいずれの回答でも約7割の人が離婚について「説明をした」、「説明を受けた」としている。ただし、子どもの回答からは、親の説明が不十分だとする不満の声が少なくない、と指摘している。

調査結果のまとめとして以下のことを指摘している。

1、親は、まず離婚に至った理由を説明しようとするのに対し、子どもは、必ずしも理由を一番聞きたいのではなく、この先の自分の生活・環境の変化や双方の親との関係の持ち方について聞きたい思いがある。したがって、子どもの生活がどのように変化するのかを親は説明する必要がある。

2、子どもに離婚の説明をする場合、同居している親から説明する場合が多く、父母双方から説明をしているのは1割程度であるのが現状である。暴力等の問題から、父母双方が説明するのは困難な場合もあるが、可能ならば父母双方で説明する必要がある。父母双方から説明した事例を見ると、説明の仕方が穏やかになり、離婚後の別れた親との関係についても言及しやすいという利点がある。

3、離婚についての親子の話し合いは、ただ離婚に賛成かどうか、どちらの親と暮らすかということに終始するのではなく、子どもが抱いている疑問や不安について親が理解しようとする姿勢で、子どもの意見を聞く必

要がある。

　4、時には、子どもを傷つけたことに対し、素直な気持ちで子どもに謝る必要がある場合もある。最も心配されるのは、親の配慮が足りない場合、子どもは自己否定の気持ちを抱いて、自尊感情が低下することである。

　総括的には、「すべての親に求められることは「どんなことがあっても子どもを愛していること」、「親が守ってやること」、「離婚しても親子は一生親子であること」、「会いたければ会えること」、「離婚は子どものせいではないこと」を基本に、今後の生活の不安や心配に対し、現実にできること、できないことを責任と覚悟をもって、誠実に答えることではないかと考える」（27頁）と指摘している。

　なお、本報告書には「特に、離婚後の生活や、別居親との面会交流等についての説明などは、離婚後の気持ちや生活の安定に大きく影響することは明らかであり、この点について親の配慮が強く望まれるところである」（75頁）との指摘はある。しかし調査票に面会交流に関する説明の設問項目はなく、面会交流について子どもへの説明のあり方に関しては論じられていない。

（4）『親の離婚を経験した子どもの成長に関する調査研究』2013年、の内容

　本調査は「親の離婚を経験した子ども（大人を含む）」を対象者にした、子どもの成長に関する調査報告書である。本報告書はＡ４で本文49頁と、アンケート調査の調査票と、インタビュー調査に用いられた半構造化面接項目が付け加えられている。当初は19歳から23歳の大学生を想定して研究を始めたが、調査協力者の人数が少なくなるために、年齢の制限を設けないで調査が行われている。

　研究の対象者は、①ＦＰＩＣのホームページでの調査協力の広報、②本研究の研究者が所属する大学での研究者自身による広報、③離婚の子どもを支援しているＮＰＯ法人Ｗｉｎｋへの協力依頼、④ソーシャル・ネットワーク・サービス（ＳＮＳ）のひとつの「親の離婚を経験した子ども」コ

ミュニティの管理人への依頼、⑤『朝日新聞』での本研究の紹介記事、などによって本研究に関心を寄せた人々に協力を依頼したものである。

調査方法は、アンケート調査とインタビュー調査であり、調査研究期間は、2012年6月から2013年2月までである。

①アンケート調査の結果

アンケート調査の回答数は67で有効回答数は66であった。回答者の平均年齢は27.3歳で、最年少は13歳、最年長は84歳であった。離婚時の年齢は、平均で9.9歳であり、最年少は0歳で最年長は22歳であった。男女別に関しては、回答者数は男性が9名、女性が57名で、圧倒的に女性が多かった。

アンケート調査では、①離婚時と現在の年齢などの基礎的データ、②離婚時の子どもに対する親の対応と子どもの不安など、③離婚体験にともなう成長と課題、④親に対する気持、などが取り上げられている。

なお「離婚体験にともなう成長と課題」に関しては、「日本語版外傷後の成長尺度」（Posttraumatic Growth Inventory：ＰＴＧＩ）が用いられている。外傷後成長とは、心的外傷を負うようなつらい体験のなかから、より人として成長を遂げていくといったポジティブな変化を示す概念であり、米国で開発されたＰＴＧＩをもとに宅香菜子が開発した「日本語版外傷後

表2－2　離婚について親からの説明

	n	パーセント
あった	33	51.6
なかった	22	34.4
分からない	7	10.9
忘れた	2	3.1
合計	64	100.0

表2－3　離婚の説明をした人

	n	パーセント
父親	4	11.1
母親	26	72.2
両親	6	16.7
合計	36	100.0

の成長尺度」を一部修正して用いている。

　離婚時における親からの説明と、説明をした人に関しては、表2−2、表2−3のような分布となっており、約半数が親からの説明を受けている。説明をした人は、母親が多いが、両親も一定数いることが分かる。なお、離婚についての親からの説明の有無と、ＰＴＧＩ得点とには有意な差異は見出されなかった。

　②インタビュー調査の結果
　インタビュー調査に応じてくれた研究対象者は9名であり、すべて女性であった。インタビューは調査項目に基づき、半構造化面接を行っている。内容的には、「離婚した家庭は、家族に人格上の問題があるのではないか、と思われているという肩身の狭さがある。したがって、どうしても自身の家庭が離婚家庭であることを隠そうとする傾向が認められる」や、育ての親の余裕のなさ、などの興味深いものも含まれてはいるが、離婚に関する説明に限定して取り上げてみよう。

　物心がつく前に父母が分かれたケースでは、「いずれの母もその理由を子どもには話しておらず、子どもの思春期まではタブーとなっており、子どももあえて聴かないようにしている。小学生頃までは、子どもは何ら説明をしてくれない母の理不尽さに不満を感じながらも我慢しているが、思春期になり、母への反抗心や母から距離を置こうとする傾向がみられる」（38頁）と指摘している。

　子どもが年齢的に離婚を理解できる場合に、両親から離婚の事実を知らされていない場合や、別居が始まった時に初めて離婚が判明した場合に関しては、子どもの不全感は強い。

　自分に何かできたのではないかという気持ちがあり、「実際に、子どもは離婚という結論を覆すことができるとは考えていないと思われるが、少なくとも子どもの意向や訴えは伝えることができたのではないか、何とか訴えたかったという心情である。同時に、自分がもっと頑張っていれば離婚

を回避できたのではないかという後悔の念を抱いている場合も多くみられる」(38頁) と指摘している。

(5) その他のＦＰＩＣの出版物で取り上げられた内容
　ＦＰＩＣの東京ファミリー相談室はＡ5版で144頁の『面会交流事例集』を2008年に刊行しており、大阪ファミリー相談室はＡ5版で159頁の『面会交流援助の現状と課題』を2010年に刊行している。『面会交流事例集』には「＜告知から始まる良い援助＞といって、子どもの不安の源である闇と嘘を取り去り、愛情と安心感を与えることができれば、子どもは事実は事実として知らされた方が、ずっと明るく元気に育ちます」(66頁) と指摘し、離婚の事実を子どもに伝えることの意義を説明している。しかし、いずれも面会交流を子どもにどう説明するかということに関しては、取り上げていない。
　平成24 (2012) 年にＦＰＩＣから刊行された山口恵美子著の小冊子『子どもが主人公の面会交流』では、「子どもに事前に伝えておくことが3つあります。それは、①誰に会うか、②別居親が会いたいと言っている、③会うことは父母が話し合って決めた約束である、ということです。」(22頁) と指摘している。この小冊子を除いては、子どもに面会交流をどう説明したかや、どう説明すべきかに関する記述は、ＦＰＩＣの刊行物からは見出すことが出来なかった。

2. 英語文献での取扱い

(1) 何をどのように説明するか
　私たちが英書の輪読会で読んできたロングとフォアハンドの *Making Divorce Easier on Your Child* では、子どもに対する離婚の説明に関して、以下のように取り上げている。
　離婚をめぐる差し迫った問題を解決したなら、出来るだけ速やかに、夫

婦一緒に子どもに親の離婚について話すことを求めている。できるだけ速やかに行う理由は、子どもが近所の人や親戚の人等から、親の離婚について聞かされるより前に、親から直接の説明を受けることが重要だからである。親が理解しているより多くの場合、子どもたちの理解力は高い。このため、両親が子どもに離婚について話す前に、大部分の子どもたちは知っている。もちろん、別居していれば、子どもは離婚の可能性にすでに鋭く気づいている。子どもが感づいていたり、知っていても、親から直接知らせることの重要性を指摘している。

　夫婦の間では、離婚になった理由について、異なる見方が多分あるであろう。また、お互いに対し非常に激しい感情を持っているであろう。しかしながら、子どもに説明するとき、可能なら両親の双方がいることが望ましい。親としての役割に関して統一性を見せることは、両親の関係が離婚によって劇的に変わるけれども、父母双方が子どもとの養育関係を継続することを理解させるのに役立つという考え方を紹介している。

　子どもに話す前に、前もって何を話すかを夫婦で相談しておくことは重要で、計画的に行う必要がある。2人が伝えたいことの概要を書きとめることは、役に立つ。配偶者に対する否定的な感情のために、話し合いを裁きの場にしてしまい、子どもを深く傷つけることがないように求めている。このため、子どもに離婚について話すときは、配偶者に文句を言ったり、配偶者を軽んじたりしないという、固い約束をあらかじめすることが重要であることを指摘している。

　1人であろうと両親そろってであろうと、子どもに離婚を知らせ説明するための特別な時間を設けることは、非常に重要である。少なくとも邪魔が入らずに1時間を過ごせる、時間を設定しなければならない。実際には1時間は必要としないであろうが、すべての課題を説明し、子どもが持つすべての疑問に答えるためには、十分な時間を確保することが望ましい。さらにその時間は、中断されないものにする必要がある。このために電話のベルを切る等のことを行い、すべての気を散らすものを排除する必要が

ある、ことを指摘している。

　子どもの年齢によって、「離婚の意味を理解するレベルも異なる。子どもの年齢が幼ければ幼いだけ、何が起こっているのかの理解が少なくなる。大人が使う「愛、結婚、離婚」のような用語は、幼い子どもには理解が難しい言葉である。このため発達段階の異なった子どもたちが、離婚に関してどのように理解しているかを、知ることは重要である。以下の表は、子どもたちが発達段階に応じて、離婚に関する理解がどのように変わるかの概要を示したものである。

表2-4. 離婚に関する、子どもたちの基本的な理解

乳　　児	理解できない。
幼　　児	1人の親がもはや家に住まなくなったことは理解しているが、なぜかは理解できていない。
就学前児童	両親が怒り、動転し、別居するようになったことは理解しているが、なぜかは理解できていない。
小学生	離婚が何を意味するかを理解し始める（例えば、両親はもはやお互いを愛さなくなり、一緒に住まなくなる）。
思春期前から思春期	離婚が何を意味するかについては理解しているが、必ずしも受け入れているわけではない。

　子どもに伝えるにあたっては、どのように言うかは、何を言うかと同じように重要である。非言語的なコミュニケーションは言語的コミュニケーションより、非常に強力であることを思い出す必要がある。大部分の子どもたちは、両親の情緒的な状態に非常に敏感であり、子どもたちは、親の情緒的な反応を、そのまま映し出す。親が途方に暮れているように見えれば、子どもも途方に暮れたようになる。親が係争中の離婚をうまく取り扱っているように見えれば、子どもはより安心し不安を感じなくなる。

　何を言うべきかに関しては、特に幼い子どもには、単純で率直に話すべきである。正直で非審判的であるべきであり、非難のための時間ではないことに注意が必要である。正直であるということは、離婚の決定をする原因となった浮気などの行動を、詳しく説明しなければならないことを意味

してはいない。重要な点は、子どもに嘘をつかないことであると指摘している。正直で、簡単な説明の例として、以下のものを示している。

「お父さんと私は、結婚の不和と問題を解決するために長い時間をかけて話し合ってきました。一緒に生活してももはや幸福にはなれないことが分かったので、離婚することに決めました。離婚することは私たち皆につらいことですが、大丈夫です。お父さんもお母さんもあなた（達）を愛しており、今後も愛し世話をし続けます。しかしそれは、二つの別々の家から提供されます。」

離婚に関する話し合いは、一度きりであってはならない。この話し合いは、子どもが極端に情緒的になる時であり、話し合った詳細の多くは記憶されない。多くの情報に関しては、一度だけではなく、繰り返し説明する必要がある。様々な課題に関する、子どもの記憶力と理解力を評価する最善の方法は、子どもが尋ねる質問によって評価することである。子どもの気持ちを確かめて、子どもに質問するように励ますことが重要であると指摘している。

子どもに説明するにあたって、いくつかの重要なことがある。まず、子どもの見方に立って、何が今までどおりで、何が変わるのか（例えば、どこに皆は住むのか、非同居親とはいつ過ごすのか）を具体的に説明することが必要である。次に、決して子どもが離婚を引き起こしたのではないことを、親は強調する必要がある。一部の子どもたちは、親の離婚の決定に寄与した問題を自分が起こしたという、ストレスになることを信じている。これは子どもにとって途方もない重荷となるので、離婚プロセスの早くから説明し、子どもが安心出来るようにする必要があることを指摘している。

（2）子どもの質問への対応

子どもに離婚について説明するにあたっては、先に示したガイドラインに従うだけでなく、親は子どもが尋ねそうな質問に備えなければならない。子どもが尋ねそうな質問の殆どは、子どもに直接関係することである。子

どもにとって親の離婚は、不安な事態である。このため、子どもは概して自分に起こりそうなことに関心を持つ。

　子どもが質問し易いように、親が励ますことは重要である。その理由は、子どもが離婚の原因、プロセスと結果について、多くの誤解をすることがあるからである。子どもは、以下の考え方のどれかまたは全てを信じているかもしれない。

- 片方の親が離婚に関してすべての責任がある。
- 離婚に関して、子どもに責任がある。
- 両親はいずれよりを戻す。
- 子どもはいずれ捨てられる。

　例えば、子どもから「私は知らない誰かと、これから一緒に住むことになるのですか？」と親は尋ねられるかもしれない。これは多分、親には決して考えつかない質問であろう。しかしながら、幼い子どもが考えつく種類の質問なので、尋ねるかもしれない。幼い子どもと思春期の子どもが尋ねるかもしれない質問の例として表2-5、表2-6の表を示している。もちろん私たちは、子どもが尋ねる特定の質問は示せない、さらに子ど

表2-5．幼い子どもたちが親の離婚に関し、尋ねるかもしれない質問

「誰が、私の面倒をみてくれますか？」
「私は、ひとりでほって置かれるのですか？」
「どこで私は生活するのですか？」
「私は、両親の双方と、一緒にいることができますか？」
「私が病気になったら、誰が面倒をみてくれますか？」
「私たちは、同じ家に住み続けますか？」
「誰が私に食事を作ってくれますか？」
「両親は今までどおり、私のママとパパですか？」
「私はきょうだいと一緒に暮らせますか？」
「私はペットを飼い続けられますか？」
「パパはどこで生活するのですか？」
「誰が、パパの世話をするのですか？」

表2-6. 思春期の子どもが、離婚について尋ねるかもしれない質問

「友人には、何と話したらいいの？」
「引っ越さなければならないの？」
「お父さんのアパートに、毎週末行かなければならないの？」
「学校を変らなければならないの？」
「私をどうしてこんな目に合わせるの？」
「今までと同じ額のお小遣いをもらえるの？」
「今までどおり、友達宅に泊まってもいいの？」
「バスケットボールの練習後、誰が私を迎えにきてくれるの？」

が尋ねる全ての質問を前もって予想することはできない。しかしながら、可能な限り準備する必要がある、ことを指摘している。

　子どもがする質問について考え、どのように答えるかも考えて下さい。子どもに離婚について話す前に、質問にどのように答えるかに関して、あなたと配偶者が「心の打合せ」ができれば、子どものためになるであろう。役立つと思われる一つのやり方は、両親が別々に質疑応答のリストを作る方法である。理想的には、両親が一緒にリストを検討し、お互いに受け入れることの出来る答えを決める方法がある、ことを指摘している。

　子どもの質問に対しては、事実に関する情報を、可能な限り中立的な口調で、答えなければならない。もちろん、親がどのように感じているかを述べることは出来るが、子どもを動揺させない口調に努めることが重要である。あなたが感情的になり動揺すれば、子どもも動揺する。両親は、子どもの感情の動きを知ることが出来るし、知らなければならない。子どもの質問があなたにはどれくらい馬鹿げたことと思われようと、どんなにあなたを傷つけようとも、答えようと努力して下さい。子どもをあざ笑ったり、恥をかかせたり、叱責したりしないで下さい、と指摘している。

　最初に離婚について話すときに、子どもに質問を促すだけでなく、少なくとも何回か質問を促すことは、重要である。例えば、「子どもたちは父と母が離婚するとき、『離婚の後、私はどこに住むのだろう？』といった質問をすることがあります、このような質問やその他の質問はありません

第二章　離婚を子どもにどう説明するか　43

か？」と聞くことも出来る。子どもに質問があるかどうか、2、3回は尋ねなければならない。さらにおよそ2週間後に、再び質問があるかどうかを繰り返すことが必要であることを指摘している。

　子どもに離婚について説明し、子どもが質問するのを促すことは、容易なことではない。その折には、子どもの非常に否定的な考え方と、感情を聞くことになるであろう。しかしながら、子どもが情報を得、何が起こっているかを理解するための機会を提供する必要がある。ある少女は、「私は両親が離婚することについて、いつ私に話したかについて、あまり覚えていません。私はわずか5歳でした。私はもっと知りたかったです、しかし私のパパとママは離婚前に私に説明し、私が分かったと言ったと私に話しました。しかし、私は理解できていませんでした。」と述べた例を示している。

3. まとめと考察

　離婚を子どもにどう伝えるかに関して、ＦＰＩＣの出版物と英書輪読会で読んだ本では、どのように取扱ってきたかを示してきた。考察を含めて、要点と思われる点をまとめてみよう。

　（1）離婚に関して、子どもの要望を満たす説明をするためには、住居、就労、収入等の離婚後の生活設計がある程度出来ていることが前提であろう。このためにはまず、先の見通しの立たない中での衝動的な離婚ではなく、一定期間をかけた離婚活動（「離活」）に基づく、計画的な離婚が必要であろう。

　（2）離婚は子どものせいではないことを強調した説明は、わが国でも必要と思われる。しかし、「これからのことを、父母で相談しているから心配しないでいい」や「会いたい時は会えるよ」というのは、目下の日本では、話すことと現実が一致しない場合があるのではなかろうか。日本の離婚事情の中では、ＦＰＩＣの文献の指摘には、やや無理のある説明になる

可能性があるものも含まれているのではなかろうか。

（3）離婚や別居親について子どもに説明するということは、現代においては「あるべき論」としては常識的である。しかし、面会交流の文化がある米国でも、2割の父親は離婚後は子どもとの関係を自ら断っているようである。わが国では父親の方から子どもとの関係を断っている割合はもっと高いと思われる。父親の方から子どもとの関係を断っている場合、父親がいることを子どもにどう説明し、子どもをどう支えていくかは大きな課題であり、今後の研究が求められていると思われる。

（4）ＦＰＩＣの刊行物に取り上げられている、子どもに対する離婚の説明では、説明があったかなかったか、どういう説明があったかが問われているだけである。子どもの側から親への質問の機会があったか否かは問われていない。私たちが読んだ英語の文献では、多くの子どもは一度だけの説明では、理解が不十分で質問を思いつかない場合も多いので、何度かに分けて説明し、質問を促すことの重要性も指摘していた。わが国でも、何度かに分けて離婚に関して説明をし、その上で子どもに質問させるという発想が必要であろう。

（5）私たちが読んだ英語の文献では、子どもの発達段階ごとに、子どもが離婚をどの程度理解できるかを前提に、子どもに対する離婚の説明を取り上げていた。わが国でも今後は、子ども一般ではなく、子どもの発達段階をふまえての説明が課題となろう。

（6）わが国ではこのところ、面会交流を含めた離婚に関する情報提供は、裁判所だけでなく、法務省からも行われている。しかし、離婚する夫婦向けの情報提供であり、離婚によって大きな影響を受ける子ども向けの情報提供はない。例えば英国では、親からの説明だけでなく、子ども向けの離婚に関する情報提供がインターネットや小冊子の配布等によって行われ、豊富な電話相談も行われた上で、子どもの意思を聴くことが行われている。この点を参考にする必要があろう。

（7）調停委員として調査報告書を読むにあたっては、子どもの意思の結

論だけでなく、子どもに対し、誰から、どのように、どんな内容の面会交流を含む離婚に関する情報提供が行われ、それに子どもがどう対応したかの把握が、重要となろう。

（8）日本と欧米諸国では、文化や社会の違いはあっても「離婚」に関しては共通理解がかなり出来ると思われる。これに対し「面会交流」に関しては、欧米と日本では、時間や内容などが大きく異なる。日本の現況は「面接交渉」や「面会交流」という表現がぴったりくる、短時間で一時的な別居親との交流であるが、欧米では Parenting Time と表現されるように、日常的に長時間にわたって別居親から子育てを受けるという側面が強い。さらに、日本では面会交流の文化が未成熟であり、社会的慣行として確立しているとは評価しにくい。このため、日本と欧米諸国では「面会交流」の共通理解が出来にくいと思われる。このため、わが国で面会交流を子どもにどう説明するかは、外国の研究を参考にするとしても、わが国で独自に研究開発すべき重要な課題であろう。

（9）民法の一部改正（2012年4月1日施行）では、面会交流のことは取り上げられたが、親権者と非親権者との子どもの監護に関する責任と権限の、本格的な見直しは取り上げられていない。従来の親権者がオールマイティで、非親権者は三級市民との構図から、どのように変わっていくかによって、本課題への対応も大きく異なったものとなろう。

本稿は、2013年8月3日に実施した「離婚や面会交流を子どもにどう伝えるか」をテーマにした、福岡ファミリー相談室の研修会で行った、筆者の話題提供の資料をもとに書き下ろしたものである。

第三章　面会交流を支える理論

はじめに

　親子の面会交流に関して、「たとえ、かなりの期間会わなくても、親子の絆を築くことはある程度可能です」（佐々木正美著『ひとり親でも子どもは健全に育ちます』小学館、2012年）という考え方もある。しかし、2013年4月14日に死亡した「釣りバカ日誌」などで有名な、俳優の三國連太郎（本名：佐藤政雄）親子のことを考えると、この考えに疑問を持つことがある。

　三國の長男は俳優の佐藤浩市（1960年生）であり、浩市が小学校5年生の時に三國は家を出て行き、両親は離婚となった。三國と浩市との間には深い確執があり、普通の親子の会話はなく、「三國さん」「佐藤くん」や「あなた」「おまえ」と呼び合っていたようである。離婚する母親の中には、子どもと父親との面会交流に関して、「子どもが一人前になるまでは絶対に会ってほしくありません」や「子どもが成人に達し、互いをよく理解できる年齢になった時なら別に構わないと思います」といった意向が表明されることがある。子どもの時期に親子のふれあいをもたらす面会交流がなく、大人になって父親と出会うことは、三國父子の轍をふむのではないかと思われる。

　面会交流（少し前までは「面接交渉」と司法関係者は表現していた）に関しては、権利なのか、権利とすれば誰の権利で、その根拠はどこにあるのか、等が論ぜられてきた。また、面会交流はどのような条件のもとで行われれば、子どもの健全育成に貢献でき、どのような条件のもとであれば

子どもの健全育成に逆機能的ものとなるかに関して論ぜられてきたと思われる。

筆者は法学者ではないので、法的知識に疎いが、わが国における面会交流に関する法的議論の概要と、行動科学の立場からの議論を紹介してみよう。

1. 面会交流に関して消極的・制限的な立場

離婚後両親間で自発的に合意ができ、子どもと非同居親との面会交流がスムーズに行われている場合には、これに反対・批判する研究者や実務家はまずいない。問題は、監護（同居）親の反対にもかかわらず、裁判所が判決や決定（審判）をもって子どもと非同居親との面会交流を求める場合である。このことに反対の立場を明確に表明したものに、ジョセフ・ゴールドステイン、アンナ・フロイト（有名なジグムント・フロイトの娘）、アルバート J. ソルニット著、島津一郎監修・解説、中沢たえ子訳『子の福祉を超えて[1]』がある。基本的なトーンは「主たる監護者と子どもとの関係に対する法の干渉は最小限にとどめること、つまり、そっとしておいて心理的な親子関係の継続性を維持することの重要性を強調している」(vii頁)。このため、「われわれは子どもの立場にたって面接交渉をさせるのが望ましいのかどうか、望ましいとすればいつさせるのかの決定権を有するのは、監護親であって、裁判所や非監護親ではないと説いた」（120頁）とし、「裁判所が面接交渉を強制すれば、父母の一方との強固な結びつきの発達を妨げる可能性が大きい」（同頁）としている。

原書出版時には、ゴールドステインはイエール大学法学部教授、フロイトとソルニットは児童精神医学の研究者・臨床家であった。日本語訳書に注を含んで33頁の長文の解説を書いた島津一郎（1921～2007）は、長く一橋大学法学部の教授として、家族法を専攻した研究者である。島津は解説において、「本書が主張していることは、＜法的に強制することができる

面接交渉権＞を非監護親に付与すべきではないということだけだ」(144頁)と指摘している。さらに、「本家本元のアメリカでも、共同監護概念の流行は終わったようである」(162頁)と述べている。ゴールドステインは島津の紹介で、家庭裁判所調査官研修所でセミナーの講師をしており、その内容は『調研紀要』25号(1974年)に収められている。島津の家族法に関する代表的な著作としては、『転換期の家族法』(日本評論社、1991年)がある。島津は米国等の精神分析研究家の立場を尊重し、監護(同居)親の判断に裁判所が注文をつけ、監護(同居)親の権威が裁判所によって侵害されていくことを子どもが経験することは、子どもの発達に良くないという立場である。面会交流に関して、消極的・制限的な立場の島津の立場の継承者の1人が、元東京家庭裁判所判事(現在は弁護士)の梶村太市である。島津と梶村は、わが国の家庭裁判所(以下「家裁」と略記)での面会交流事件の取り扱いに大きな影響を与えてきた。

梶村は面会交流に関して主には三部作の論文を発表している。最初の論文は「子のための面接交渉」であり、「親子法の体系からみても、子の監護は親権者、監護者に全権委任されていると解するのが相当であり、非監護者に面接交渉権を与えたほうがよいようなときは、むしろ親権者、監護者が、その適格性を欠く場合というべきである」と論じている。引用文に明らかなように、親権者に子どもに関する全権限があり、親権者と非親権者の子どもに対する権限はいわば100対0のような理解が示されている。二番目の論文は「〈子のため面接交渉〉再論」であり、三番目の論文は、「〈子のための面接交渉〉再々論」である。梶村は面接交渉の権利性を否定し、かつ審判の対象性も否定する見解を示していたが、「再論」以降は実体的権利であることは否定するが、審判対象性は肯定する立場である。

梶村は2000年5月1日の最高裁決定の担当調査官である杉原則彦の「面接交渉の内容は監護者の監護教育内容と調和する方法と形式において決定されるべきものであり、面接交渉権といわれているものは、面接交渉を求める請求権ではなく、子の監護のために適正な措置を求める権利であると

第三章　面会交流を支える理論　49

いうのが相当である」(『新版離婚調停ガイドブック』日本加除出版、2004年) という見解を紹介し、それに全面的に賛同している。[2]

筆者にはポイントは2点あるように思われる。第1点は、面会交流は面会親（非監護親）の権利ではないという指摘である。第2点は「面接交渉の内容は監護者の監護教育内容と調和する方法と形式において決定されるべきもので」ある、という指摘である。

第1点に関しては、「面接交渉権が、協議や審判によって初めて具体的な権利として生ずるものであるとしても、扶養請求権、財産分与請求権と同様、協議や審判以前にも抽象的なものとして当然に存在すると考えられる」（二宮周平、榊原富士子著『離婚判例ガイドブック（第2版）』有斐閣、2006年）という見解も存在しえよう。児童の権利条約で子どもの権利として認められていることや、多くの国々で面会（非監護）親の権利が法的に認められている状況の中で、面会交流の権利を否定し続けることには疑問がある。第2点に関する梶村の見解は、わが国の単独親権制度に固執し親権者がオールマイティで非親権者は三級市民であるとする見解の上に成立しているように思えてならない。監護（同居）親と非監護（非同居）親とが、子育てに関する見解や具体的な対応に関して必ずしも見解の一致がなくとも、面会交流や共同の子育てを進めている多くの国々の動きを無視することになっていると思われる。

梶村の最近の論文に「民法766条改正の今日的意義と面会交流原則的実施論の問題点」（『戸籍時報』692号、2013年）と「親子の面会交流原則的実施論の課題と展望」（『判例時報』2177号、2013年）がある。この二つの論文は、ほぼ同趣旨のものであるが、「親子の面会交流原則的実施論の課題と展望」の方がやや詳しい。これらの論文で、民法766条の改正にともない、裁判所の実務が面会交流に積極的となり、明白基準説（監護者が子の利益に反することを主張立証しない限り、すなわち子の利益に反することが明白でない限り、面会交流を実施するとする説）に立っている。

しかし法や最高裁判例は比較基準説（双方の諸事情を総合的に比較検討

して子の利益に合致するときに限り実施するとする説）に立っていると、最近の裁判実務の傾向を批判している。さらに同論文では法学的根拠だけでなく、行動科学の立場からも面会交流原則的実施論を批判し、「私どもの研究会グループの精神医学者や臨床心理学者の意見では、世界的に見ても、心理学等の知見からみた総合的検討でも、面会交流の原則的実施を基礎付ける資料を発見することは困難であり、むしろそれら原則的実施の危険性を指摘する資料となっている」と指摘している。

　家事調停委員が手にすることが出来、家庭裁判所の実務を大きく方向付けてきた解説書に『家事調停関係法規の概説』がある。最新のものは2009年に最高裁判所事務総局家庭局によって改訂・刊行された『新訂　家事調停関係法規の概説』がある。この中で面接交渉を取り上げているのは157〜162頁である。

　この中には、積極的に面会交流（当時の表現なので「面接交渉」）を取り上げた事例は採用されておらず、極めて制限的・消極的な事例のみが集められているように思われる。例えば、①「未成年者らがあと数年成長後に申立人を慕って面接交渉を望む時期を待たせることとするのが未成年者らの福祉のため適当である」として、成年後の面会交流に期待するのみで、未成年者の時期には面会交流を認めない決定や、②「非親権者父が、親権者母との間の面接交渉の約束に基づき、母の監護下にある事件本人との面接交渉を求めた事案において、事件本人はまだ3歳と幼年であり、母の手から離れ、異なった環境の中で父と時間を過ごすことは、事件本人に少なからぬ不安感を与えるとして申立てを却下した事例」がある。3歳を幼年として面会交流を認めない判断は、国際的には極めて異例な決定であろう[3]。さらに、直接の面接交渉を否定し③「間接的に手紙のやりとりを通じて交流を図るのが相当」といった事例や、④「将来の面接を円滑にできるようにするため写真等の送付を命じた」といった消極的な事例が示されている。

第三章　面会交流を支える理論　51

2. 面会交流に関して積極的な立場

　児童の権利条約は、1989年に国連総会で満場一致で採択された。日本は1994年に批准し、わが国でも有効な条約となった。本条約は児童に関する多くの理念を提示している。本条約の第9条（親からの分離禁止と分離のための手続）3項には「締約国は、児童の最善の利益に反する場合を除くほか、父母の一方又は双方から分離されている児童が定期的に父母のいずれとも人的な関係及び直接の接触を維持する権利を尊重する。」と規定し、面会交流を積極的に支える理念を示している。さらに第18条では「締約国は、児童の養育及び発達について父母が共同の責任を有するという原則（以下略）」を定め、共同養育の方向性を定めている。

　多くの国々では、児童の権利条約の理念を尊重し家族法の改正を行ってきた。これに対し日本政府は、本条約を批准しても「気持ちだけの条約」（コリンP．A．ジョーンズ）として位置づけ、児童の権利条約と向き合い、児童の権利条約を生かす工夫を殆ど行ってこなかった。裁判所も、本条約を実務に積極的に生かす工夫を行ってこなかった。

　欧米では、非同居親との定期的な面会交流のある子どもと、非同居親との面会交流のない子どもを比較した研究が数多くある（残念ながら、日本ではこの種の実証的研究はないに等しい、例外的な研究として、青木聡「面会交流の有無と自己肯定感／親和不全の関連について」『大正大学カウンセリング研究所紀要』34号、2011年がある）。その結果、非同居親との定期的な面会交流のある子どもは、面会交流のない子どもに比して、精神的健康度や精神的安定度が高く、自尊心も高く、学業成績も優れていることが立証されている。これらの実証的データに裏付けられて、多くの国では非同居親との面会交流が奨励されている。ゴールドステイン等の研究が、精神分析の枠組みで理論的・演繹的に親子関係を考えて結論を出していたのに対し、現在の研究は分析枠組みよりも実証的データを重視しているよ

うに思われる。

　これらの考え方はわが国の法学者にも一定の影響を与えており、面会交流を子どもにとっても親にとっても権利であるというとらえ方も強くなってきている。例えば、棚瀬孝雄（2009）や棚村政行（2011）の研究がある。

　2011年の民法の一部改正（実施は2012年）により、それまでの第766条1項が、父母が協議上の離婚をするときは、子の監護をすべき者その他監護について必要な事項は、その協議で定める。協議が整わないとき、又は協議をすることができないときは、家庭裁判所が、これを定める」としていたのが、「父母が協議上の離婚をするときは、子の監護をすべき者、父又は母と子との面会及びその他の交流、子の監護に要する費用の分担その他の子の監護にについて必要な事項は、その協議で定める。この場合においては、子の利益を最も優先して考慮しなければならない。」（以下略、下線筆者）と改正された。

　法の一部改正によって、養育費と面会交流が民法に明文化されたことは、裁判所の面会交流に関する判断を大きく変え、消極的対応から面会交流原則実施論と表現される、積極的対応へと大きく舵を切ったようである。これらの動きを象徴する積極的立場を示す論稿に、2人の裁判官と2人の家庭裁判所調査官（以下「家裁調査官」と略記）の共著論文、細矢郁、進藤千絵、野田裕子、宮崎裕子「面会交流が争点となる調停事件の実情及び審理の在り方－民法766条の改正を踏まえて－」（『家庭裁判月報』64巻7号、2012年）がある。この論文は、97頁とかなりの長文であり、先に取り上げた梶村の最後の論文での批判対象とされたものである。

　細矢らの論文は2人の裁判官が執筆に参加しているにもかかわらず、法律論というより、家裁の審理をどうすべきかという実務的な課題を中心としている。第4章の「心理学等の知見からみた面会交流の意義」の材料の殆どは米国の研究であり、外国の研究成果に立って日本の実務を方向づけることには疑問を持つ読者もかなりいるのではないかと思われる。[4]外国で開発・承認された新しい医薬品について、日本で医薬品として通用する

第三章　面会交流を支える理論　53

ためには、日本国内で人への治験データをすべてそろえて申請して承認を得ることが求められている。ドラッグ・ラグが問題とされたりもしているが、海外で開発された医薬品の承認に関しては慎重な取扱いが行われている。家裁の実務が、文化や社会制度の異なる外国の研究に過大に依存することには疑問を持つこともできよう。

　細矢らの論文は、離婚及び面会交流をめぐる心理学の諸研究を総合すると、以下のとおり基本的な認識を整理できるとして四点をあげている。

　（１）離婚は、子どもに短期的・長期的に重大な影響を及ぼす事態であって、子どもの幸せに関わる出来事として、両親が子どもの今後を考えていく必要がある。

　（２）一方の親との離別は、子どもにとって、親の離婚に伴う最も否定的な感情体験の一つである。非監護親との交流を継続することは、子どもが精神的な健康を保ち、心理的・社会的な適応を改善するために重要である。

　（３）面会交流の実現に当たっては、子どもが両親間の紛争の影響を受けないよう、親同士が配慮する必要がある。また、面会交流はその頻度はもとより質が重要であり、監護親・非監護親双方が、子のより良い成長に期待及び関心を持ち、経済的なサポートも含めて責任ある態度で関わることが求められる。

　（４）子どもが親を拒否する事態においては、子がそのような態度を取るに至った諸要因等を検討しつつ、片親疎外というラベル付けにこだわるのではなく、子どもの発達が阻害される状況かどうかを考慮し、子にとって望ましくかつ日本の制度的な枠組みの中で可能な解決に向けて、当事者の調整を図っていく必要がある。

　なお、細矢らの論文は面会交流に積極的立場ではあるが、面会交流の頻度や内容に関して具体的な提言を行っているわけではない。多くの国ではわが国の養育費の算定表のように、面会交流の頻度、期間に関する基準が示されているが、わが国では面会交流に関する基準が裁判所からは示されていない。このため面会交流の頻度や期間が多い少ないに関する、評価の

基準が不明確である状態が続いている。

　民法の一部改正前までの家裁では、夫婦関係調整（離婚）の調停が継続中のケースに関しては、面会交流を積極的に取り上げることはなかった。調停の当事者から、別居調停中に面会交流の要望が示されても、離婚が成立して親権者等の法的関係が落ち着いてから面会交流を行うように裁判所側から指導されることが多かった。これに対し、民法の一部改正にともない面会交流に関して家裁が積極的となるにともない、離婚調停係属中や訴訟中のケースの面会交流にも、司法関係者は積極的に取り組むように大きく変わってきている。

　面会交流原則実施論に傾いてから、家裁の離婚の調停では、調停条項中に面会交流が定められて離婚となっているケースが増加していると思われるが、調停条項中に面会交流を含んだものと、面会交流を含んでいないものの比率の推移に関するデータは公開されていない。

　それでは、家裁の調停や審判で決められた面会交流はどの程度実施されているのであろうか。さらには調停条項に定められた面会交流が、空手形に終わっている比率はどうなのであろうか。これらに関するデータも公開されていない。面会交流が調停や審判で定められたケースで、面会交流が実施されているケースと実施されていないケースを比較して、面会交流を促進する要因と、面会交流の阻害要因を明らかにする研究も、筆者の知る限り行われていない。現状のように家裁は面会交流を決めるだけで、決められた面会交流の実施率などを明らかにしないのは、その責任を十分果たしているとはいえないと思われる。

3. 日本と欧米の面会交流

　日本と欧米の国々では「面会交流」といっても、期間・内容等が大きく異なる。かつては面会交流を示す英語は、VisitationやContactといった短時間のことを表す表現であったが、現在では直訳すれば「養育時間」の意

味であるParenting timeが使われている。欧米では非同居親と過ごす時間が、日本に比べて極めて長期（時）間である。このため、子どもにとっては二つの家（生活拠点）があるといった面が強い。この背景には、非同居親も子どもの養育の様々な局面に関わるのは当然といった考え方になってきていることがある。

日本では、面会交流に関する行動科学からの研究が乏しく、実証的データが乏しいので、どのように面会交流が行われているか不明のことが多い。[5] 断片的な情報から推測すると、日本では月に1回2時間程度という、短時間のことが多いようであり、面会時に行えることも一緒に遊ぶことや、一緒に食事をすることが中心であり、子どもと過ごすメニューも非常に限られているように思われる。

これに対し欧米の国々では、子どもが就学年齢に近くなり非同居親と子どもが比較的近くに住んでいる場合には、2週間に1回は2泊3日ないし3泊4日の泊りがあり、この他に週に1回は非同居親と夕食をともにし2〜3時間は夕刻を一緒に過ごす。[6] その上、米国の学校の夏休みは日本よりかなり長いが、夏休みなどの長期休暇には、子どもはかなりの期間を非同居親と過ごすことが多い。非同居親と子どもがかなり離れて住んでいる場合は、夏休み、クリスマス休暇などの長期休暇に、非同居親宅でかなりの長い期間を過ごす。

欧米では、面会交流に泊りがあり、一緒に過ごす期間（時間）が長いことが、躾などの子どもの取り扱いをめぐって、元夫婦間で争いのもとになることがある。なお日本の場合は、面会交流時間が短いので、欧米とは争いの態様が異なるが、米国で争点となることを例示的に示してみよう。

・食事時にテレビを見るのを許すか？（米国の一戸建ての場合、食事をするところと、テレビのあるリビングルームとは別であることが多く、中流の家庭では食事中はテレビを見ないことが多い。しかし離婚後に移り住むことになりやすいアパートになると、少し狭くなりがちなので、ダイニングルーム（食堂）からテレビが見えることがある。）

・何時までテレビを見せるか、どんな番組であれば許容範囲か（アダルト番組、暴力番組、バカ番組など）。
・何時になったら寝かせつけるか。
・テレビゲームやスマートホンのゲームの許容範囲は。
・学校の宿題への取り組み。
・食事の栄養の偏りや、ジャンクフードへの対応。
・歯磨きをちゃんとさせているか。
・子どもに、清潔な下着、服を着せているか。
・教会への出席（米国は日本よりはるかに宗教的な国であり、子どもの宗教のことが元夫婦間で争点となることがある）。

　日本で欧米並みの泊りのある長時間の面会交流を頻回行うことになれば、子どもの生活は大きく変わることになる。即ち、少年野球や少年サッカーのような活動には参加しにくくなるとともに、塾やおけいこ事にも参加しにくくなる。今程度の、「最少面会」と表現されたりする、少ない回数の短い時間の面会交流であれば、親が離婚していない子どもの生活リズムと大きな違いが生じないために、日本の子どものためには良いことなのか、欧米並みの高頻度の長時間の面会交流を目指すべきなのかは、大きな研究課題であろう。ともあれ、面会交流が「親子で喜びを分かち合う体験は、子どもにとって何よりの安らぎ、親にとっては大きな癒しです」（佐々木正美）となることを目指したい。

4. 面会交流に関する米国の研究の一応の結論

　米国でも離婚後の多くの子どもは母親と同居し、父親と面会交流を行っている。面会交流の頻度や期間がわが国とは比較にならないくらいに長い。先にもふれたように、米国では面会交流のことを表わす言葉としては、直訳すれば養育時間と訳せる Parenting Time が使われており、非同居親は子どもと一時的な面会交流を行うのではなく、親として子どもの養育に関

わるのは当然だということが前提になり（先にふれた梶村の見解と好対照！）、このような用語が用いられている。

　以下のことは、米国における父親と子どもとの面会交流に関する研究の一応の結論であり、私たちの英書輪読会で最初に取り上げた、Alison Clarke-Stewart と Cornelia Brentano の共著の *Divorce：Causes and Consequences*（2006）からの整理である。

　①面会交流が規則的に行われる場合（例えば週に１回とか、週に２回とか）に限って、面会交流の回数の増加は子どもの福祉に結びつく。②面会交流の期間が長い方が、子どもの自尊心や学校の成績に良い影響を及ぼす。③子どもが面会交流を望む場合の方が、子どもに良い影響を及ぼす。④母親が面会交流を望む場合には、子どもに良い影響を及ぼす。両親間の葛藤が強い場合は、面会交流の頻度の増加は子どもに良い影響は及ばさず害になることがある。⑤面会交流においては父親との接触の質が重要で、親との情緒的な交わりが持てる意味のある時であることが重要である。⑥父親は、叔父さんや友人のようにではなく、親として子どもに関わることが重要である。⑦子どもと過ごす時間の長さだけでなく、食事を作ったり、犬の散歩に行ったり、庭の枯葉をかき集めたり、ボール投げをしたり、宿題に取り組んだり、ベッドでの本の読み聞かせなど、日常的な交流が重要である（面白いことだけをする、ディズニーランド・パパでないあり方）。

　日米では面会交流といっても、その時間と内容が全く異なる。日本では月に１回２時間程度の面会交流が多いようであるが、米国等では時間が長いこともあって、面会親と子どもが協働の作業をすることが出来やすい。面会交流の頻度が少なく、１回当たりの時間が短いわが国で、米国の研究結果をそのままわが国に用いることには問題が多いが、わが国での実証的研究の課題を示していると言えるのではなかろうか。

5. 面会交流に関する子どもの意見の取り扱い

　児童の権利条約では、子どもの意見表明権を尊重すべきことが規定されている。さらに家事事件手続法では、法第65条に「家庭裁判所は、親子、親権又は未成年後見に関する家事審判その他未成年者である子（中略）がその結果により影響を受ける家事審判の手続においては、子の陳述の聴取、家庭裁判所調査官による調査その他の適切な方法により、子の意思を把握するように努め、審判をするに当たり、子の年齢及び発達の程度に応じて、その意思を考慮しなければならない。」と規定している。第152条第2項では「家庭裁判所は、子の監護に関する処分の審判（中略）をする場合には、第68条の規定により当事者の陳述を聴くほか、子（15歳以上のものに限る。）の陳述を聴かなければならない。」と規定している。さらに、家事調停の手続を定める第258条において「第65条の規定は家事調停の手続における子の意思の把握等について（中略）準用する。」と規定している。

　なぜ子どもの意見表明権が尊重されなければならないのであろうか。筆者は、離婚やその他の家裁が担う家事事件の決定は、子どもに大きなマイナスの影響を及ぼしうるからであると考えている。このため筆者も、①子どもへの説明、②子どもの意思の把握、③子どもの意思の考慮が必要であると考えている。子どもの意思の適正把握の前提としては、まず子どもへの適正な説明が求められる。これはインフォームド・コンセントと同じである。即ち、インフォームド・コンセントとは患者に十分な情報提供を行った上で、ある治療方法に関する患者の同意を求めるやり方である。十分な情報提供がなされていなければ、例え患者がある治療方法を了承したとしても、「インフォームド」がなかったわけだから、インフォームド・コンセントとは言えない。同様に離婚に関連する事項に関する子どもの意思の把握のためには、子どもへの離婚に関連する適切な情報提供が必要になると思われるが、わが国ではこの点の研究や実務上の工夫が非常に貧弱では

なかろうか。

　このところ面会交流を含めた離婚に関しての情報提供は、裁判所だけでなく、法務省からも行われているが、いずれも離婚する夫婦向けの表面的な情報提供だけである。裁判所や法務省から、離婚によって大きな影響を受ける、子ども向けの情報提供はない。これに対し、諸外国では様々な工夫をこらしている(7)。例えば英国では、成人向けの情報提供だけでなく、子ども向けの離婚に関する情報提供がインターネットや小冊子の配布等によって行われ、豊富な電話相談も行われた上で、子どもの意思を聴くことが行われている(8)。

　米国では、子どもに対し公的機関からの情報提供があるだけでなく、離婚を扱った子ども向けの書籍が数多く流通・販売されている。親の離婚を取扱った市販の書籍には、絵本、小学生向けの本、中学生向けの本、高校生以上向けの本と、数多く流通している。米国は公共の図書館が充実しており、読みたい子どもは容易に書籍にアクセス出来る環境が整っている。

　わが国では、小学生や中学生向けの、親の離婚に関する書籍がほぼ出版されていない状態が続いている。さらに日本は、公共の図書館が貧弱であり、早急な改善が求められている。

　調停委員等が家裁調査官の調査報告書を読むにあたっては、子どもの意思の結論だけでなく、子どもに対し、誰から、どのように、どんな内容の面会交流を含む離婚に関する情報提供が行われたか、情報提供に欠けている領域はないか、情報提供の内容は偏ってはいないか、それらの情報提供に質問を含めて、子どもがどう対応したかの把握が、重要となろう。

　わが国の家裁では子どもの意思の把握は、主として家裁調査官によって担われている。家裁調査官は行動科学の専門家として高度の研修を受けてはいるが、完全無欠な存在ではない。調停や審判担当の家裁調査官が把握した、子どもの意思等は調査報告書として家裁調査官の意見をつけて裁判官に提出される。提出された調査報告書は、原則的には当事者は閲覧やコピーの入手が可能である。調査報告書の内容や結論に当事者が疑問を持っ

た場合に、別の専門家の意見を求める仕組みが、家事事件手続法には欠けている。医師という高度な専門家が行う医療に関する判断に対しても、現在はセカンドオピニオンを求めることは普通のこととなっている。子どもへの影響が大きい事項については、家裁調査官報告へのセカンドオピニオン取得が可能な仕組みが必要であろう。

　面会交流に関して、子どもの意思はどの程度尊重されるべきか、子どもの意見は聞くとしても、決定権は親か子どもか、などの問題もある。中川明は「意見表明権は、子どもに自己に影響を及ぼすすべての事項を自ら決定することができる権利（自己決定権・人格的自律権）まで保障しているものではないが、決定過程において意見を表明し、その意見の適正な重視を求めることによって、決定過程への参加を求めるものである」と指摘している（「子どもの意見表明権と表現の自由に関する一考察—いわゆる「ゲルニカ訴訟」の『意見書』から—」『北大法学論集』50巻2号、1999年）。さらに中川は「子どもの意見表明権は、表明された意見を＜適正に重視（due weight）する＞ことを求めることによって、構造的に、意見を表明する子どもと、その受け手としての大人という二つの法主体を想定した上で、大人は、子どもの表明された意見を実現することが、＜子どもの最善の利益＞という観点に照らして適切でないことがあきらかな場合には、子どもに対してその意見を実現することができない理由・事情などを明示して、誠実に説明する責務を果たすことが義務づけられているということです」と指摘している（「子どもの権利をどうとらえるか—保護と自律のはざまで—」『明治学院大学法科大学院ローレビュー』2巻3号、2006年）。このため、「別れた親との面会は、幼児であっても、その子の意思を尊重しましょう」（佐々木正美）や、「離れて暮らすことになった親と子どもが会うかどうかは、親が決めることではありません。子どもの思いのままに決めればいいと思います」（佐々木正美）というように、単純に解決する課題ではない。それでは、欧米ではどうなっているのであろうか。

　カナダのクイーンズ大学法学部教授のNick Balaによると、英語には、

"A voice but not a choice." という表現がある（2012年2月20日にオーストラリア国立家族問題研究所で実施された、Parental Alienation, Contact Problems and the Family Justice System と題する研究報告による[9]）。これは、子どもが幼稚園に入る時や小学校に入学する時や、病気の時の病院受診なんかでは、子どもが嫌がったり泣いたりする時に理由は聞くが、親として必要なことはするという意味である。病院受診や登校に関しては、子どもの意見は尊重されない。これと同じように面会交流を考える発想はかなり強い。面会交流は子どもにとって是非必要なことか否かに関する認識によって、このことの判断は異なる。なお現在の、米国等での主流の心理学は、認知行動療法である。認知行動療法の立場に立てば、子どもの面会交流拒否は、時間がたてば解決する問題としての取り扱いではなく、すぐに（迅速に）取り扱うべき課題として位置付けている。この場合、面会交流を大事（おおごと）にせずにたんたんと実施することが重要となる。

次に取り上げる Parental Alienation に子どもがなっている場合には、子どもの面会交流拒否の意見は、同居親に洗脳され、同居親の意向のコピーのようになる。このような場合には、子どもの意思の取り扱いはさらに大きな問題となる。子どもの自主性を尊重する見識のある親であるかのように思わせて、離婚毒をまき散らして、面会交流の実施に協力しない親が米国等にもおり、問題となっている。

注1　原書の初版は1973年に刊行されている古いものであるが、今でも英語圏の文系大学では書店に平積みされている基本書である。
注2　杉原の見解に対し、「旧説」と位置付け、過去のものとしようとする立場が、若林昌子（「子の監護法制の動向と現代化への課題―面会交流の実務、国際間の子奪取ハーグ条約問題を中心に―」明治大学『法律論叢』84巻2・3合併号 2012年、505頁）である。
注3　米国弁護士会から2006年に刊行されている *Creating Effective Parenting Plan* では、面会交流を①乳児から2歳まで、②2歳から5歳まで、③6歳から11

歳まで、④12歳から18歳までに区分して発達段階と面会交流のパターンを示している。

注4　面会交流に関する実証的研究は、わが国では先にふれた青木聡のもの一つのみである。わが国での実証研究の発展が期待され、わが国のデータに基づいて面会交流に関する議論が出来る日を期待したい。

注5　厚生労働省により2011年11月に実施された『平成23年度全国母子世帯等調査結果報告』(インターネットで閲覧可)では、離婚の方法別を含む面会交流の取り決め状況、実施頻度を含む現在の面会交流の実施状況に関するデータを示している。しかしそのデータは概括的であり、面会交流の時間(期間)や泊りの有無、子どもの過ごし方等の詳細なデータはない。

注6　米国では乳幼児から面会交流が取り組まれているが、本文には就学年齢に近い子どものことを書いた。なお、乳幼児の場合は、泊りが少ないが面会頻度は高い。子どもがティーンエイジャーになれば、友人と過ごす時間の重要性が増し、面会交流の態様も変化する。

注7　例えば韓国では、離婚する両親向けのやや詳しいパンフレットが家庭法院(家庭裁判所)で渡されるようである。内容は、「大韓民国におけるパンフレット(両親)について」として日本語訳文つきで、『ケース研究』310号(2012年)に掲載されている。

注8　英国では各地のカフカス(Cafcassは、Children and Family Court Advisory and Support Serviceの略であり、子どもや家族を対象にサービスを提供する政府機関)の事務所に、親向けのものとともに、子ども向けの離婚に関するリーフレットやパンフレットが多数用意されているだけでなく、インターネットで閲覧、ダウンロード出来るようになっている。例えば、My family's changingという、親の離婚に直面した子ども向けのリーフレット(日本語ではブックレットと表現するものに近い)では、年少者用と年長者用の二種類用意されている。

注9　筆者はオーストラリア国立家族問題研究所でのNick Balaの報告を直接聞く機会に恵まれた。Nick Balaによる研究報告は、インターネットで全文取得可能。米国版のヤフー等で、研究報告のタイトルを入力すると、オーストラリア国立家族問題研究所のホームページにつながる。

第四章　面会交流で生じる問題と支援策

　本章では、子どもや監護親が面会交流を拒否したり、ＤＶ（ドメスティック・バイオレンス）がある（あった）と監護親が主張する場合等の、面会交流をめぐる実務上の問題と支援策を紹介してみよう。

1．子どもや監護親が拒否する場合の面会交流

　親の離婚に対する子どもの反応は様々であるが、両親の葛藤や紛争が強ければ問題は大きくなりがちである。子どもは両親の板挟みや忠誠葛藤の中で、同居親に過剰に同一化したり、親和の感情を示し、反対に非同居親に強い嫌悪の感情を示すことがある。同居親が非同居親への嫌悪や不信を子どもに直接伝えなくとも、子どもによっては同居親の意向を斟酌して言動を行うことはよくあることである。

　米国の著名な精神医学者であったリチャード・ガードナー（Richard A. Gardner,1931～2003年）は、以前は別居親と健全な愛情のある関係を結んでいたものが、同居親が別居親への子どもの愛情を妨害して、別居親を憎み嫌う、別居親と引き離された子どもとしての特徴的な言動を身につけた状態の子どもを Parental Alienation Syndrome（以下「ＰＡＳ」と略記）と名付けた。日本語では「片親疎外症候群」や「片親嫌い症候群」と呼ばれていたこともあった。ガードナーの翻訳書には、深沢道子訳『パパとママの離婚』（社会思想社）や、鑪幹八郎他訳『シングル・ペアレント・ファミリー』（北大路書房）があり、挿絵入りで分かりやすい本であるが、二冊ともＰＡＳのことは取り上げていない。ＰＡＳのことを取り上げたガードナーの専門書は翻訳されていない。

ＰＡＳの概念をめぐっては、裁判所への鑑定等に用いられたりしたこともあって、裁判所関係者、法律家、精神科医、心理臨床家などを巻き込んで国際的な論争があった。ポイントの一つは、精神医学上の症候群であるかどうかということである。米国の精神医学会や精神保健領域では診断マニュアルとして幅広く用いられているものにＤＳＭ‐Ⅳ（1994年に刊行され、2000年に改訂されＤＳＭ－Ⅳ－ＴＲとなり、2013年に改訂され現在はＤＳＭ－５が使われている）がある。ＤＳＭ‐Ⅳとは、アメリカ精神医学会の『精神障害の診断、統計マニュアル』の第Ⅳ版のことであり、日本語にも翻訳されている。ＰＡＳがＤＳＭ‐Ⅳに収載されなかったため、精神医学上の症候群としてみなすことに否定的な意見が出た。科学的概念としてのＰＡＳが認められなかった理由の一つは、ガードナーの著作は専門研究誌での研究者の査読を経たものではなく、本人が出版したもの（self-published）であることも、問題として指摘されている。なお、我が国の裁判所でのＰＡＳをめぐる理解に関しては、小澤真嗣の「子どもを巡る紛争の解決に向けたアメリカの研究と実践－紛争性の高い事例を中心に－」と題する論文が参考になる。

　現在では子どもの示す深刻な親嫌いの言動に対し、ＰＡＳという表現は殆ど使われず、Parental Alienationという表現が使われることが普通である。離婚後も何度も何度も裁判所に事件を係属させ、元夫婦の紛争が激しく、子どもが親の紛争に巻き込まれている高次紛争家族のケースで、正当な理由がないのに、子どもが面会親に対し拒否や憎悪を示し、面会交流が実施できない場合には、Parental Alienation（以下「ＰＡ」と略記）という表現がよく使われている。以前はよい関係であった親に対し、正当な理由のない拒否的な態度（怒り、嫌悪感、恐怖心、不信感、不安など）を持続的に示し、①子どもは標的にされた親に対し、ほんのわずかな敬意さえ示さなくなる。②挨拶をしなくなり、会話やアイコンタクトを避けるようになり、さよならを言わずに去るようになる。③子どもは自分が拒絶している別居親のひどい性格や言動を大げさに並べ立て、長所など何もないか

のようにこき下ろす。④両方の親にそれぞれ長所と短所があるといった認識ではなく、親を一方的にとらえる。子どもは別居親をもっぱら否定的な言葉で言い表し、別居親に対する肯定的な感情、思考、記憶を否定あるいは矮小化する。これとは対照的に、同居親をほとんど完璧な良い存在として言い表す。⑤「お母（父）さんと一緒にいても、一度も楽しかったことはない」。楽しそうに見えたかもしれないが、楽しそうなふりをしていたのだと、過去の良い関係も否定する。ＰＡは主に8～12歳で生じる。発生率はある研究によれば、子どもの約1％と推計されている。別居親等の立場からは、子どもはマインドコントロールされた状態になり、同居親の操作、洗脳を疑うようになる。

　ＰＡの要因としては、同居親の悪意に基づいた対応（離婚毒をもるように、面会親を徹底的に否定する言動）が認められることが多いが、同居親の人格障害が言及されることがある。さらに、ＰＡの対象となる面会親そのものにも問題があることもあるとの指摘もある（Nick Bala）。

　ＰＡを大きな問題として取り上げる考え方としては、親子関係は離婚後も大切に守られるべきものであり、子どもを他方の親に会わせないのは児童虐待であるという認識が強くなってきていることによる。子どもが離婚後も両方の親と関わりを持ち、両親をともに大切にしたいと思うことが重要であり、(元) 配偶者の悪口を言うことは子どもを傷つけることであるという認識が強くなっている。

　一方の親が、元配偶者に対する憎しみを子どもと共有したいという心理機制に対し、子どもが親に対し肯定的なイメージを持つことの重要性を無視するものとして、洗脳から子どもを守ることを重視する考え方がある。外国の裁判所の判例であるが「当裁判所は、子どもが示す父親に対する根拠のない頑迷な敵対心が、母親によって耕された土壌から育ったことに疑いを挟む余地はないと考える。当裁判所は、非監護親への愛情や尊敬の念を子どもに教える監護親としての義務を、母親がまったく果たしていないことを確信している。」（ウオーシャック，リチャード A. 青木聡訳『離婚

毒』誠信書房、2012年、97頁）という判断がある。ここでは、非監護親への愛情や尊敬の念を子どもに教えることを監護親の義務として位置付けているが、日本では可能な主張であるか、検討の余地があろう。

　子どもが面会親を嫌って面会交流に応じない場合に、どんなことがあればＰＡではなく、正当な理由として認められるのだろうか？

・面会親からの子どもへの虐待。
・面会時に面会親が泣き言を言ったり、非常に感情的になる。
・面会親が子どもの生活の詳細を知りたがり、詰問的になり、子どもにとって面会が楽しくないものとなる（面会親の立場にたてば、子どもが同居親などから虐待を受けているかもしれないし、学校でいじめを受けているかもしれないので、子どもを虐待やいじめから守るのは面会親しかいないのだから、子どもの生活を知ろうとして子どもに聞くのは当然だ！　との反論があろう）。
・面会親が再婚しており、再婚者の連れ子などと親しげにし、面会に来た子どもによそよそしい対応をする（再婚率の高い米国では大きな問題である。面会親が再婚していない場合でも、面会親のガールフレンドやボーイフレンドにも同様の問題がある）。

　なお、児童虐待、特に女児に対する性的虐待の訴えが、父親である面会親に対して母親である監護親から出されることがある。この場合、日本の制度ははっきりしない面があるが、国によっては日本の児童相談所の一部の機能である Department of Child Protection が関わり、児童虐待に関する調査をすることがある。なお一般化はできないが、オーストラリアでの Nick Bala の研究によれば、高次紛争家族で児童虐待の申立があった75ケースのうち15ケースに性的虐待の申立があったが、調査の結果、性的虐待が認定されたのは1ケース、2ケースは虐待とはいえないが危険があると判定されたケース、12ケースには性的虐待は全く認められていない。

2. ＤＶと面会交流

ＤＶ（ドメスティック・バイオレンス）の理解に関しては、立場によって大きく意見が異なり、論争的である。フェミニストと父権グループとでは、表４－１に示すようにＤＶに関しても、離婚後の父母の共同養育に関しても、大きく見解を異にしている。

ＤＶ（ドメスティック・バイオレンス）がある（あった）ことを理由に、

表４－１　父権グループとフェミニストの主張点

争　点	父権グループ	フェミニスト
離婚後の子どもの養育形態	共同養育が子どもにとって最善である。	共同養育は虐待された女性に危険をもたらす。
ＤＶの発生率	ＤＶは過大視されている。	ＤＶは過少に報告されている。
暴力の性質	女性も男性と同じように暴力的である。	男性の暴力はひどく、危害をもたらし、生命（人生）に大きな危険を及ぼす。
ＤＶの主張	ＤＶの主張には間違が多く、子どもの監護を有利にするために用いられている。	母親はＤＶの申立をしたことで叱責を受け、父親嫌いにさせたとして非難される。
裁判所のバイアス	男性に対しバイアスがある。	女性とＤＶに対してバイアスがある。

Jaffe, P.G., Lemon, N.K.D. & Poisson, S.E.(2003). *Child Custody & Domestic Violence*, p.12.

面会交流を拒否しようとするケースは、諸外国と同様に、わが国でもかなりある。しかし家裁の調停等の席でＤＶの主張があっても、ＤＶ防止法（「配偶者からの暴力の防止及び被害者の保護に関する法律」）に定める保護命令の申立が行われたり、地方裁判所の保護命令が出されていることは多

くはない。

　ＤＶに関しては、一般的には配偶者に対する暴力の有無・態様が重要である。しかし面会交流を考えるにあたってはＤＶの態様などとともに、①子どもが暴力をふるわれる場にいたか、子どもにも暴力は及んだか、②隣の部屋等にいて、視覚的には見ていないが、夫婦間のやりとりを聴覚的に聞いていたか、③視覚的、聴覚的にはＤＶに直接ふれていないが、ＤＶの雰囲気にさらされたかが、重要であろう。さらに子どもの発達段階によって受ける影響を異にする。このため米国等では、子どもに対するＤＶの影響を測るために、Child Behavior Checklist や Children's Perception of Interparental Conflict Scale などのスケールが開発されている。これらのスケールの測定結果は、子どもとの面会交流を認めるか、認める場合の条件等に生かされている。

　わが国ではＤＶの研究が一部のフェミニストの研究者に偏っており、主流をなす心理学者や社会学者の避けがちな研究課題であり、オープンな議論が少ないように思われる。主流をなす心理学や社会学では、家族をとらえるにあたって、（家族）システム論に立脚して分析することが通例である。これに対し日本に紹介されている、以下に示すバンクロフト（Lundy Bancroft）などのＤＶ研究は、単一要因説ないし優越要因説に立脚した分析が行われている。両者では、分析の枠組みや分析の土俵づくりが異なっている。このためわが国では、ＤＶの深刻度を示す尺度の開発も進まず、ＤＶの内容・程度に応じた対応策の開発も限られている。

　わが国の判例では、ＤＶがあった場合には面会交流を認めないか、ないしは制限するといった傾向がみられるが、欧米では子どもと非同居親との絆の価値を重視しているために、ＤＶがあっても原則的に面会交流は認められる。ＤＶがあった元夫婦への工夫としては、面会交流時の暴力の発生を防ぐために、元夫婦が直接顔を会わさないように工夫された、面会交流センターを利用することはよく行われている。この場合、面会交流センターの利用は、裁判所の委託によって行われたりしている。さらに必要に

応じて、監督者つき面会交流（supervised visitation）が行われたりもしている。

著名なＤＶ研究家の１人である米国のバンクロフトは、ＤＶの加害者が監視なしに子どもと接触する際のリスクとして、以下の10の危険性を指摘している。

　１、母親の権威をおとしめ、母子関係を損なう行為が引き続き行われ、激化する危険性。

　２、柔軟性のない権威主義的な態度で子どもにかかわる危険性。

　３、子どもを放任または放置し、無責任な態度でかかわる危険性。

　４、母親に対する新たな脅しや暴力に子どもをさらす危険性。

　５、心理的虐待や操作を行う危険性。

　６、子どもに身体的・性的虐待を行う危険性。

　７、加害者が一貫性のない行動をとる危険性。

　８、子どもが将来ＤＶにつながる態度を身につける危険性。

　９、子どもが連れ去られる危険性。

　10、新しいパートナーに対する父親の暴力にさらされる危険性。

バンクロフトの指摘には、日本でも生じうることが含まれているので、対応策が必要であろう。

神戸市の委託を受けて日本ＤＶ防止情報センターが2011年に行った「別居親と子どもの面会交流に関する調査報告書」（インターネットで概要と提言の一部が閲覧、ダウンロード可）は小規模な調査であり、研究方法等にも問題があるが、興味深い提言も含まれているので取り上げてみよう。

本調査は、面会交流の体験がある子ども14名と、同居する子どもを非同居親に面会させた親17名への聴き取り調査の結果である。面会交流をさせた経験を有する親17名のうち13名はＤＶ被害を体験したとされている（ＤＶ被害の内容、程度、期間、保護命令等に関するデータは示されていない）。

面会交流協議への提案として、子どもの成長に即して、段階的に異なる形で面会交流は行われるべきではないかとし、以下の提案を行っている。

A　子どもが15歳以上なら、面会については、子どもが別居親と協議して決める。

B　子どもが10歳以上15歳未満なら、面会の大枠については監護親が別居親と協議し、具体的な事項は子どもが別居親と話し合って決める。

C　子どもが10歳未満なら、面会については、監護親が子どもに代わって別居親と協議する。

興味深い提案も含まれてはいるが、「面会の大枠」とは何か、「具体的な事項」とは何かに関して、具体的に示しているわけではない。「子どもの成長につれて、監護の内容は変化する。監護の一部である面会の内容も変化しなければ、子どもの成長に追いつかない。すなわち、ある時期に、よく吟味して面会方法について定めても、子どもが成長する以上その定めは早晩、必ず妥当しないものになる」とし、面会方法の定めは「C」「B」の各段階終了時とすべきであるとし、裁判所における決定においても、決定の妥当とする有効期限をつけるべきであると提案している。

3. 面会交流での紛争を予防するための仕組み

(1) 米国の例

米国では家族法は州の権限であり、各州で家族法への多様な取り組みがみられる。多くの州では子どもがいる親が離婚を希望する時には、当該州の家族法の説明、子どもへの離婚の影響や、面会交流、養育費などを内容とした、親に対する離婚教育プログラムに参加することが求められている。多くの州では、この離婚に関する教育プログラムに参加し、主催者から交付される参加したことの証明書を添付しないと、裁判所での離婚の手続きにのせてくれない。これらのプログラムは、州政府の責任のもとに提供さ

れているが、実際のプログラムは認定を受けた民間の家族福祉機関が提供する州もあれば、テネシー州のように州立の大学（日本の短期大学に似たcommunity college を含む）などが提供したりしている。米国では離婚率が高いのと、日本とは文化が異なることもあって、離婚を希望したり離婚に巻き込まれている人々を集め、グループで離婚教育プログラムを行うことに抵抗が少ないようなので、ビデオ視聴、グループ講義、グループディスカッションなどが行われている。時間は8時間程度のことが多いようであるが、州によって異なる。なお、最近はインターネットを活用した親教育プログラムも盛んである[(1)]。

なお、高次紛争家族で面会交流が訴訟の中で問題となった家族に対しては、一般的な離婚セミナーではなく、面会交流に特化した形での、様々な親教育のプログラムへの取り組みが全米で行われているが、後に取り上げる。

（2）大阪家裁のプログラム

わが国では、協議離婚が認められていることもあってか、親に対する一般的な離婚教育のプログラムは存在しなかった。家裁に離婚調停を申立てた人に対する、教育プログラムの必要性に関する指摘はあるが、今までに現実化したものは大阪家裁のプログラムだけであろう。離婚のことを人に知られたくない人が多いという、日本人独特のプライバシー意識もあり、離婚調停の申立て者や相手方を数人集めて行う、グループアプローチはない。以下は、安部隆夫他「面接交渉等に関する父母教育プログラム」(2003)、による。なお、家事事件手続法の施行後も、大阪家裁で親教育プログラムが実施されているかは不明である。

大阪家裁では、父母教育プログラムを、「家庭裁判所を争いの場から、子の福祉のために協働する場へ」と、変化させることを目的としたプログラムと位置付けている。具体的には、リーフレットの交付・説明の他に、大阪家裁が作成した約20分のガイダンスビデオを視聴してもらい、その後ガ

イダンスビデオの要点を再度説明したり、当事者の質問に答えたり、ふり返りをしている（アンダーラインのところが、単に最高裁作成のビデオを一方的に見せるやり方とは異なった点）。ビデオの視聴は、申立人、相手方が別々に調査官と一緒に視聴する方法と、申立人、相手方、調停委員と調査官が一緒に視聴する方法等が行われたりしている。

　ガイダンスビデオの内容は、①子の監護等に伴う法的知識の付与、②離婚によって子どもが受ける影響、③子の心の傷を少なくするために親が出来ること、④面接交渉について、からなっている。

　2014年9月2日の『毎日新聞』によれば、兵庫県明石市は米国で開発されたFamilies in Transition（略称FIT）と題する、親とその子どもへのプログラムを、日本人に向けに改善した離婚前講座を、希望する市民に2014年度中に試行的に導入するとのことである。このような離婚当事者や、親が離婚する（した）子どもへの、教育的・治療的プログラムが発展することを期待したい。

（3）面会交流に特化した形の、教育プログラム

　高次紛争家族での、面会交流が訴訟の中で焦点となって、Parental Alienationが認められた家族に対しては、米国の裁判所では色々な工夫を行っている。その一つに、米国ではR. Warshakらによる、Family Bridgesがある。Family Bridgesでは、子どもと面会親がリゾート地などで4日連続して泊まり込みで参加するワークショップである。このプログラムは高い成果が報告されているが、費用の高さがネックの一つである[2]。この他にも、1回に5家族が参加する、Overcoming Barriers Campというプログラムもある。裁判所と民間専門機関との連携の中で、面会交流で生じる困難な問題の解決策を求める米国の姿は、ただちに日本に導入することは無理としても、将来の検討課題となる日を期待したい。日本の家庭裁判所では、少年部は少年鑑別所、少年院、保護観察所など執行（協力）機関を有しているのに対し、家事部は協力機関はほぼなく孤立しているという問題があ

り、長期的には改革を求められている課題ではなかろうか。

4. 裁判所の判決や決定が守られなかった場合の対応

(1) 日本の場合

　日本の裁判所は家事事件に関しては、強制的な手段はとりたがらない傾向があり、米国であれば法廷侮辱罪が課せられるようなケースでも、過料が科せられることはまずない。筆者が個人的に良く知っている定年で退官した元裁判官は、在職中に過料を科したことはないと明言したことがある。2013年3月にわが国の最高裁判所は面会交流に関する間接強制の決定を行ったため、間接強制は注目をあびてはいるが、制限的な取扱いにとどまると思われる。

(2) 米国等の場合

　面会交流等に関する裁判所の判決や決定に応じない場合には、法廷侮辱罪が課せられることは普通のことである。この場合、日本の過料のような金銭的な負担だけでなく、数日間の身柄の自由を失う収監等の手段も可能な州や国がある。裁判所の決定に従って、警察官を使って子どもをAlienating Parent から、そうでない親へ移動させることが可能な国もある。

　さらに強力な手段には、裁判所が求める面会交流に協力しない親から、面会交流に協力的な親へ、裁判所が親権者（監護者）を変え、子どもを移動させることが行われている（Friendly Parent Rule と表現されることもある）。Nick Bala の研究によればオーストラリアでは、ＡＰ（Alienating Parent）と認定されたケースの53％に全面的に監護者の変更が命じられ、14％に部分的な変更が命じられ、35％には変更が命じられていない。

　なお、裁判所の命令（決定）だからといって権力に従わせるだけでは、問題が生じやすい。日本の将来のことを考えると、教育プログラムを含めた、硬軟とりまぜた対応策が必要であろう。

なお、面会交流に関する裁判所での決定や当事者間での合意をスムーズに実施する方法としては、以下の方法がある。元夫婦間では子どもの引き渡しがうまくいかず、すぐに口喧嘩等になりそうな場合の対応としては、面会親宅や監護親宅で子どもを引き渡す以外の方法を工夫する。例えば、マクドナルドのような、人目の多いファーストフードの店で子どもを引き渡す。この他に、警察署の前や中で子どもを引き渡す。さらに、学校のクラブ活動などの終わりに迎えに行く（米国では小学校低学年では学校の送り迎えは親の責任であり、地域の子どもの集団登校などはない）など色々と工夫がなされている。以上の他に、多くの国で面会交流センターの活用がある。

5. 日本の面会交流支援事業の現状と課題

　多くの国は、自力で面会交流が出来ない人や、ＤＶなどがあり監督付面会交流を必要とする人々へのサービスとして、面会交流センターがある。海外の面会交流センターの多くは、公的助成を一定程度受けるとともに、裁判所の協力機関としての性格を有していることが多い。
　わが国においても、離婚後の非同居親と子どもとの面会交流を自力で実施出来ている元夫婦も存在するが、不信感を引きずったりして、自力では面会交流を実施できずに、第三者の支援を必要としている元夫婦もかなりいると思われる。このようなニーズに応える民間の自主的活動が面会交流支援事業として動き出している。
　わが国の面会交流支援事業は、法の規制は一切ない代わりに、公的助成も一切なかった。公的機関が直接実施することもなかった。その中で民間サイドの活動、特に家裁調査官ＯＢを中心とした団体である、公益社団法人家庭問題情報センター（ＦＰＩＣ）が開拓者的役割を果たしてきた。現在は、東京、大阪、名古屋、福岡、千葉、宇都宮、広島などのＦＰＩＣの相談室がサービスを提供している。さらに、心理士を中心とした大阪の

Vi-Project の営みなどがある。この他に最近では、各地でＮＰＯなどの多様な団体がサービスを提供したりしてきている。

　提供されているサービスは、面会交流時に常時スタッフが付き添う「付添い型」、子どもを監護親から面会親に引き渡す折にスタッフが援助する「受渡し型」、監護親と面会親との間では感情的対立があったりして、メールや電話でのコミュニケーションがとれず、スタッフが日程調整や場所等の調整を行う「連絡調整型」などと分類されていることが多い。日本の「付添い型」は面会交流センターが民間団体であり、法的根拠がないこともあって、英語の supervised visitation（監督つき面会交流）というよりも、supported visitation（支援つき面会交流）のニュアンスに近い活動である。

　日本での面会交流でも、数日間のキャンプや旅行などが行われているケースが見られる。しかし日本の面会交流の多くは、頻度も少なく、時間も短いために、限られた遊びを中心とした活動が行われている事が多い。遊びを中心とした場合でも、子どもを一方的に楽しませるだけでなく、子どもと親の双方が心から楽しめる活動が求められている。面会親と子どもとの絆を深め、子どもの創造力や想像力を引き出し、遊びが発展するとともに、生きる力に結びつく豊かな遊びもある。一方で、事故なく無事に時間が経過すればよいといった、消極的・単調な遊びもあると思われる。わが国の面会交流センターでのスタッフの役割の一つは、豊かな遊びのためのファシリテーター役と思われるが、どんな工夫をしたら良いのかは十分に究明されていない。面会交流時の遊びに関する研究が、発展することが期待されている。

　なお、日本の面会交流援助では、面会交流を積み重ねる中で父母が成長し、スタッフの手を離れて父母双方の自力で面会交流が行えるようになることを目指しているところが多い。このため援助の期間を一年間とし、更新は一回のみといった形で更新回数に制限を設け、面会交流センターに依存しない工夫を行っているところもある。しかし目下のところの結果はかんばしくなく、元夫婦の自力による面会交流へと移行しているケースは少

数派であると思われる。なお、オーストラリアの文献では、高次紛争家族にあっては父母が自力で面会交流が行えるようになることは不可能なことが多く、面会交流援助は面会交流そのものが行われ子どもにとって肯定的な経験となることを目標にすることで十分であるとの見解もある。

　面会交流援助の対象とする子どもの年齢に関しては、ＦＰＩＣ東京ファミリー相談室では、「援助の対象は小学生までとします」と上限を区切っているのに対し、下限に関しては示していない。乳児を対象とするか、何歳から援助を行うかは、サービス提供機関によってかなり幅があるようである。

　日本の場合、民間団体への公的助成などがないために、利用料が高いという問題がある。諸外国の面会交流センターでは、国や地方自治体からの公的補助や民間財団や共同募金などからの補助があり、利用者の支払う額は一回当たり500円や千円程度が普通である。それに対しわが国では、一回当たり1万円程度の費用負担は普通であり、低所得者には負担できない金額となっている。筆者が関わっているＮＰＯ法人北九州おやこふれあい支援センターの場合は、全国的な相場より若干安いが、それでも利用者には負担感が大きいと思われる。

　さらに面会交流を行っている民間団体への公的助成がないために、民間団体の財政基盤が乏しく、施設・設備が劣悪な中で、スタッフの気力と心意気で運営されているセンターも少なくない。欧米の面会交流センターでは、元夫婦が顔を会わせるのを避けるために、出入り口が複数あることは常識と思われるが、わが国のセンターでは出入り口が一つしかないところの方が普通ではなかろうか。欧米の面会交流センターでは、駐車場からセンターへの経路についても工夫が施されていることがあるが、日本ではそのような取組は見られない。相談室や遊戯室も貧弱なところが多い。面会時の状況をモニターする設備のあるセンターは限られている。

　日本の場合は財政基盤が貧弱で、スタッフにまともな給与が支払われていないのが普通で、ボランティアとして働くことを求めたり、極めて低額

の謝金が支払われたりしている。このため、スタッフに専門性を求めづらく、そこで働くスタッフの人数は限られており、スタッフの大部分は退職者で平均年齢が高く（70歳過ぎが中心であることが多い）、子どもの激しい動きについていけない等の問題が見られることもある。同一ケースに一月当たり何回までサービスを提供するかに関しては、諸外国では月に二回までが多いと思われるが、日本ではスタッフの人数が限られているため、月に一回までが普通である。

　面会交流センターを利用する面会親は、週日は勤務していることが多いので、土日での面会希望が多い。子どもの立場からも、学校や幼稚園等のない日である、土日の希望は多い。このため多くの面会交流センターでは面会交流が盛んに行われる曜日は土日であり、平日には事前相談等の限られた活動にとどまることが多い。曜日によって活動の波があるセンターの運営をスムーズにするために、オーストラリアなどでは、複合児童福祉機関の一部門として、面会交流センターを位置づけているところもある[3]。

　国（厚生労働省）は2012年4月6日付の「母子家庭等就業・自立支援事業の実施について」と題する通知で、都道府県などが面会交流支援事業を行うことを認めている（『家庭裁判月報』64巻11号に掲載されている）。これにともない、目下は東京都（2012年度から）、千葉県（2013年度から）、熊本県（2014年度から）が事業を実施している。

　しかし、国の補助する面会交流支援事業では、（1）国の定める収入基準が、同居親、面会親ともに児童扶養手当相当額以下となっており、極めて低所得者しかサービスを受けられない。（2）単年度限りのサービス（前年度サービスを受けたものは、次の年にはサービスを受けられない）、などの非常に厳しい制限が行われている。なお、東京都の場合も千葉県の場合も、実際の事業の実施は公益社団法人家庭問題情報センター（ＦＰＩＣ）の東京や千葉の相談室が行っている。2013年度の東京都の場合、相談は221件あったが、所得制限が厳しいこともあって、実際の利用は僅か13ケースと低調であった。

諸外国では、面会交流センターの横の組織があり、年次研究大会などの研修会を開催し、倫理綱領や実践基準などを定め、メンバーの資質の向上を図り、それぞれのセンターの底上げを図っている(4)。これに対しわが国では、面会交流サービス提供機関の横の組織は全くなく、関係者の知識や経験を分かち合う機会もない。このため、標準的サービスも不明確であり、面会交流援助に携わるスタッフに求められる専門性や資質も不明確である。

棚村政行は、面会交流の実施にあたって求められる専門的知識、経験として、①離婚や親子関係に関する法的な知識と実務経験、②親子の状況を把握するソーシャルワーク的なスキル、③交流支援実施のスキル、④ＤＶなど危険な事例への対応力、などと整理している（棚村政行編『面会交流と養育費の実務と展望―子どもの幸せのために―』日本加除出版、2013年）。棚村の整理は貴重であるが、将来的には面会交流サービス提供機関の横の組織によって検討される日を期待したい。

6. 取扱いに苦慮するケース

面会交流はいつもハッピーエンドになるわけではない。うまくいかなかった要因には様々なものがあるが、わが国の民間の面会交流事業がどんなケースの取り扱いに苦慮しているのかを列記してみよう。

・日程調整の段階で、何かと理由をつけて、一方の親が提示してきた日程案を否定する。

・直前になって子どもの体調が悪いとの連絡（本当に子どもの体調が悪いのか、会わせたくない親の意向が反映しているのか？）

・プレゼントの取り扱い方　経済的にピンチの母子家庭では、父親が高価なプレゼントを渡すことに抵抗感を示す同居親もいる。反対に、面会親に高価なものを買ってもらうのを当然と考えている同居親もいる。さらに、面会親の息のかかったプレゼントを、子どもが家に持ち込むことを、徹底的に拒否する同居親もいる。

・面会親が親（大人）としての役割を忘れて、将棋（スポーツでも同じ）をして、手加減をせずに一方的に勝ち、子どもに「お前はへただな！」といった不適切な言葉がけをして以降の関係が崩れることもある。
・メッセンジャーとして子どもを使う　元夫婦間で直接コミュニケーションを取りにくいので、子どもに養育費や修学旅行の費用が遅れていると言わせたりする。外国の文献では良くない事の例として書かれているが、わが国では避けがたい気もするがどう対応したらよいのであろうか？
・時間にルーズな面会親（同居親）。
・面会終了時に、子どものことを不憫に思ったりして感情的になり、泣きだす面会親。これはかなりあり、スタッフは事前にどんな工夫をしたらよいのであろうか？
・面会（父）親が再婚して、再婚相手との間に子どもが生まれてから、面会（父）親から交流の希望がなくなり、子どもは会いたい気持ちを抑えるのに苦慮するケースはかなりある。

面会交流事業（センター）を使わずに、自発的に行われている面会交流でも様々な問題がある。

・私のことは嫌いだと言われてから、会うのが怖くなった。
・父は私の話に関心なく、父が愚痴をこぼすための連絡は迷惑。
・父は自分の夢を追求していく人。父親になってはいけない人だった。
・父の自己満足のためだった。私のためだったことは一つもない。
・遠かったので会いに来ることはなかったが、酔って電話をかけてきたり、中三の私にお金の無心をしたりした（以上の５点は、社団法人家庭問題情報センター編『離婚した親と子どもの声を聴く』から引用）。

外国のケースで、子どもが面会交流に意欲を示さなくなったり、拒否を示すようになる例として、父親はテレビ（例、フットボールの観戦）やパソコンなどに夢中で、子どもに注意が向いていない場合などがある。子どもが面会親宅に来るのはいつものことなので、面会親は準備をせずに、漫

然と迎えることがある。子どもは面会交流に行っても大切にされているという気持ちになれないので、面会交流に積極的になれないケースがある。

なお、親は子どもの遊びにいつも付き合う必要はなく、子どもが１人遊びが出来るようになることが大切との指摘も重要であるが、面会交流時にはある程度は子どもに注意・関心を向けることが必要と思われる。

日本の面会交流支援事業は、就学年齢（６歳）前後の子どもを中心として、この年齢層の子どもとの遊びを中心とした援助を提供している。乳児（０歳児）や幼児でも１歳程度の幼い子どもとの面会交流の支援策については、十分開発されていない。さらに小学校高学年以上の子どもと面会親が単に一緒に遊ぶだけでなく、意味のあるコミュニケーションを図るのをいかに援助したら良いかは、大きな研究課題である。

外国の文献には、面会親は叔父（叔母）さんや友人のようではなくなく、親として子どもに関わることが重要であると指摘しているものがある。しかしに日本の場合は、面会交流が非日常的な「ハレの日」の特別な行事である上に、短い時間の取り組みのため、遊びを中心とし、楽しいことをする（ディズニーランド・パパ）ことにより、子どもを甘やかしがちであるという問題もある。

さらに日本では、祖父母と孫との面会交流支援はまだほとんど実施されていない。一部の国（例えばフランス）や米国の一部の州では、裁判所の決定に基づいて祖父母と孫の面会交流が実施されており、いずれはわが国でも課題となろう。

どのような面会交流を行うべきかは、別居親の子育てに関する役割の認識によって異なる。副次的な立場にとどまるべきか、子どもにとって親らしい親（full and complete relationship）の役割を担うべきかによって、大きく異なる。先進国の動きは、別居親にも親らしい親としての役割を求めている。わが国はどうあるべきであろうか!!

「子供に対する愛情において、父親が母親に敵うわけなどない。何千倍、

何万倍、比較など到底できない程の深さだ。十ヵ月もの長きに亘って、お腹の中で育んだ愛しい我が子。………」(西村健、2011年)という表現に出会ったり、森進一の「おふくろさん」や武田鉄矢の「母に捧げるバラード」などの歌に表現される、日本独特の母子密着の強さを考えると、欧米風の面会交流論で大丈夫かなと疑問を持つこともある。「理想化された共同監護論の流れをくむ面会交流の強化論は、必ず現実に裏切られる可能性が高い。(中略)そもそも、別れた夫婦は別々の世界に生きていく。互いにますます遠ざかることは必至である。」(渡辺義弘、2010)という認識を肯定する関係者は一定数いると思われる。欧米での面会交流援助の動向をふまえながら、日本の文化に適合する援助の姿を求めていく必要があろう。なお筆者は、個別の面会交流を支援するだけでなく、面会交流の文化を広めることも大きな課題の一つであると認識している。

注1　米国における親教育プログラムに関しては、渡部信吾「子の監護を巡る親教育プログラムについて―米国ネブラスカ州ダグラス郡の実情―」〈『ケース研究』303号、2010年〉が参考になる。ニューヨーク州では、離婚しようとする親向けの親教育プログラム (New York State Parent Education and Awareness Program) の一環として、84頁からなる Parent's Handbook が用意されている(インターネットでダウンロード可)。

注2　Family Bridges を紹介した Warshak の論文には、Family Bridges : Using Insights from Social Science to Reconnect Parents and Alienated Children. がある。

注3　民法の一部改正を行うにあたり、衆議院法務委員会では、2011年4月26日に「離婚後の面会交流及び養育費の支払い等については、児童の権利利益を擁護する観点から、離婚の際に取決めが行われるよう、明文化された趣旨の周知に努めること。また、その継続的な履行を確保するため、面会交流の場の確保、仲介支援団体等の関係者に対する支援、履行状況に関する統計、調査、研究の実施など、必要な措置を講ずること。」という附帯決議を行っており、参議院の法務委員会でも同趣旨の附帯決議が行われている。しかし、目下のところ、国は面会交流の場の確保や仲介支援団体等の関係者に対する支援を何ら行っていない。

注4　筆者が2012年に訪問したオーストラリアのメルボルン郊外のBerry Streetという児童福祉機関では、面会交流センターの他に、養子縁組、里親などのサービス、移民してきた家族へのサービス、障がい児の通園施設などを有していた。

注5　米国にはSupervised Visitation Network、英国にはNational Association of Child Contact Centres、オーストラリアはAustralian Children's Contact Services Associationという団体があり、面会交流に関する情報交換や研修会などを行っている。

第五章　養育プランを考える

はじめに

　筆者は家事調停委員に任じられてからの期間は比較的長いが、大学を本務としていたので、担当したケース数は限られていた。大学を定年退職後も、いくつかの大学の非常勤講師やＦＰＩＣの業務を担ってきたので、担当した調停のケース数はそれほど多くはない。それでも、かなりの数の離婚に関わってきた。親の離婚は子どもにとっては、足元が根底から揺らぐ、大激震にあったようなものだと思われる。人間に対する信頼をズタズタに裂かれ、生きる意味すら見出しにくい状況となっているのではないかと心配される。親の離婚にあたって、子どもは裁判所に直接登場することはあまり多くはないが、親の離婚にともなって問題行動を起こしたり、落ち込みがちな子どもの心を、どう支えていくかは大変気になる課題である。このため、私に出来ることは何かないかと考えながら、いくつかの日米の文献を読んできた。これらの学びの中で、米国では離婚にあたって子どもの「養育プラン」とも表現できる Parenting Plan を父母で作成するという手法があることを知った。わが国で直ちに取り入れることには無理があるが、今後の実務のあり方の検討材料になればと考えて、取り上げる。

1. 児童の権利条約の理念と養育プラン

児童の権利条約の理念

　児童（子ども）の権利条約は、1989年11月に国連総会で採択され、批

准手続にともないわが国で有効となったのは、1994年5月である。

児童の権利条約は、子どもの意見表明権など多くの理念を提示してきたが、「親の離婚と子ども」に直接関連するのは、第9条の3と、児童の養育にあたっての父母の共同の責任を定めた第18条である。第9条の3では、「締約国は、児童の最善の利益に反する場合を除くほか、父母の一方又は双方から分離されている児童が定期的に父母のいずれとも人的な関係及び直接の接触を維持する権利を尊重する」となっている。

この条文を支える理念の一つは、父母は離婚したとしても、子どもは離婚後も父母の双方と親密な関係を結び、双方の親から愛情を受ける権利があるという考え方である。第18条の1では、「締約国は、児童の養育及び発達について父母が共同の責任を有するという原則についての認識を確保するために最善の努力を払う。父母又は場合により法定保護者は、児童の養育及び発達についての第一義的な責任を有する。児童の最善の利益は、これらの者の基本的関心事となるものとする」となっており、離婚後も父母には子どもの養育に関して、共同の責任があることを認めている。

日本政府は批准にあたり、これらの条文に関し留保や解釈宣言をしていないが、国内法の整備は行わなかった。

児童の権利条約と先進諸国の動き

日弁連法務研究財団の離婚後の子どもの親権及び監護に関する比較法的研究会が編集した『子どもの福祉と共同親権―別居・離婚に伴う親権・監護法制の比較法研究―』によれば、児童の権利条約の影響もあり、欧米諸国では離婚後は父又は母が単独で親権や監護権を行使するあり方から、離婚後も可能な限り共同で行使するあり方へ大きく動いている。

筆者が調べた範囲でも、英語圏（米国、英国、カナダ、オーストラリア、ニュージーランド）では、親権者という概念はほぼ過去のものとなり、離婚後も何らかの形で、父母双方が子どもの養育に関わることを、当然とした仕組みが形成されている。

コンスタンス・アーロンズの「もはや問題は、離婚した両親が共同で子育てをすべきか否かではなく、どのようにしてするかなのだ」という認識は、欧米ではごく普通のことのように思われる。

わが国での児童の権利条約の受けとめ方
わが国で児童の権利条約に関し、最も本格的な逐条解説を公刊した国際法学者の波多野里望は、第9条3に関して、「尊重する」（shall respect）は、「尊重する」という抽象的な義務を謳ったに過ぎず、同項に規定された権利が完全に行使される保障をまで求める趣旨ではないと解される、と消極的な解説を行っている。波多野の見解が、日本政府に大きな影響を与えているように思われる。

家族法学者の棚村政行は「最近では、児童の権利に関する条約が批准承認され、その九条三項は、親との定期的な接触交流を維持する権利を子ども自身の権利として保障しており」と記している。家族法学者の二宮周平も「子どもの権利条約は、（中略）父母との交流を子の権利として定めています」と記している。

長井憲一等は「本条三項に関しては、親が離婚した後の子どもの面接交渉権を子どもの権利の観点から法制化することが、今後の課題となるでしょう」と1992年に記しているが、わが国では児童の権利条約に即した法改正は、二十数年たった今日まで行われていない状況である。

わが国の現行民法
民法第766条では「①父母が協議上の離婚をするときは、子の監護をすべき者その他監護について必要な事項は、その協議で定める。協議が調わないとき、又は協議をすることができないときは、家庭裁判所が、これを定める。②子の利益のため必要があると認めるときは、家庭裁判所は、子の監護をすべき者を変更し、その他監護について相当な処分を命ずることができる。（以下略）」と定めていた。

第五章　養育プランを考える

2011年の民法の一部改正（実施は2012年）により、それまでの第766条1項が「父母が協議上の離婚をするときは、子の監護をすべき者、父又は母と子との面会及びその他の交流、子の監護に要する費用の分担その他の子の監護について必要な事項は、その協議で定める。この場合においては、子の利益を最も優先して考慮しなければならない（以下略）」と改正された。

　現行民法では、子どもに対する扶養に関しては、非親権者にも生活保持義務があると解釈されている。2011年の民法の一部改正において、面会交流や養育費に関して明文の規定をおいたことは、面会交流等に大きな影響を及ぼしている。しかしながら、監護（権）や親権（者）という古い用語が残っており、さらに離婚後は、父母のどちらかが親権者となる単独親権制度であり、共同親権は認められていない。2011年の民法の一部改正には、離婚後の親の権利と義務に関しての本格的な見直しは含まれていない。このため、親権者になれなかった親は、子どもに関し何らかの権利を有するかに関し、不明確な状態が続いている。

　わが国の課題

　多くの先進諸国は、児童の権利条約を受けて、国内法の整備を行ったが、わが国では進んでいない。多くの国ではお蔵入りした古めかしい概念である、親権（者）や監護権（者）に、変更がなされていない。離婚にあたって、勝者と敗者を決めるような、親権者と非親権者といった単独親権の仕組みは、時代遅れではなかろうか。日本政府は児童の権利条約に関しては、発展途上国の子どものおかれた厳しい状況を改善し、底上げする手段として条約を位置づけているようである。

　しかし多くの先進諸国は、児童の権利条約の理念に敏感に対応し、離婚しても父母双方が子育ての担い手であることを可能にする工夫を重ねているように思われる。工夫の一つが養育プランであり、離婚にともない離れて住むようになった父母が、子育てに関しては親として協力するルールを

定めるのが、養育プランである。

2. 面会交流に関して

　欧米での典型的な離婚後の子育ては、父母宅を頻繁に子どもが移動しながら行われる。子どもが頻繁に父母宅を移動して養育を受けることを表現する日本語がないために、ここでは従来から使われている「面会交流」という表現を用いる。英語でも短期間の交流を示す、VisitationやContactといった表現が使われてきたが、非同居親との交流の頻度や密度の増加にともない、Parenting Timeという表現に変わってきている。

　米国での面会交流

　米国での面会交流の状況を知るために、米国弁護士連合会家族法部会が刊行している養育プランに関する書籍から、年齢の異なる子どもに関する4週間分の二つの表を示してみよう。なお、表でPとはPrimary Parent（主な親、同居親）のことであり、SやSPとはSecondary Parent（副の親、別居親）のことを指している。二つの表とも、Secondary Parentも子どもと毎週関わりを持ち、子どもはSecondary Parent宅に少なくとも週に1日以上寝泊りしていることが分かる。住宅事情の良い米国であるから、離婚した父母宅にそれぞれ子ども部屋を持つことは可能とは思われるが、宿題や学校の携行品等を間違えずに、学校生活を送れるのか等の心配の面もある。

　2歳から5歳の子どもの過ごし方を示す、表5－1の見方を第一週の欄で紹介すると、子どもは月曜日は同居宅親で一日過ごす。火曜日の夕刻の5～6時に非同居親宅に移り、非同居親宅に泊まり24時間過ごし、水曜日の夕刻に同居親宅に戻る。木曜日は同居親宅で終日過ごす。金曜日は4～6時間非同居親宅で過ごすが、同居親宅に戻り泊まる。土曜日は同居親宅で終日過ごす。日曜日は6～8時間を非同居親宅で過ごし、同居親宅に戻

表5－1　2歳から5歳の子どもの例

	月曜日	火曜日	水曜日	木曜日	金曜日	土曜日	日曜日
第一週		5-6p.m. overnight	To 5p.m. 24 hrs-SP		4-6 hours SP		6-8 hours SP
第二週	4-6 hours SP		5-6 p.m. Overnight	To 5 p.m. 24hrs-SP		6-8 hours SP	
第三週	4-6 hours SP		4-6 hours SP		5-6 p.m. overnight	To 5 p.m. 24 hrs-SP	
第四週		4-6 hours SP		5-6 p.m.	To 5 p.m. 24hrs-SP		6-8 hours SP

上の表でSecondary Parentが子どもの世話をする以外の時間は、Primary Parentが世話をする。

表5－2　6歳から11歳の子どもの例

	月曜日	火曜日	水曜日	木曜日	金曜日	土曜日	日曜日
第一週	P	P	P	P/S	S	S/P	P
第二週	P	P	P/S	S	S/P	P	P
第三週	P	P	P	P	P/S	S	S/P
第四週	P	P	P	P	S	S/P	P

1、2とも出典は、J. Hartson & B. Payne. *Creating Effective Parenting Plans*. American Bar Association, 2006. の61頁、81頁。

る。

　6歳から11歳の子どもの過ごし方を示す、表5－2の見方を第一週の欄で説明すると、子どもは月曜日から水曜日まで同居親宅を拠点として生活し学校に通う、木曜日に学校が終わると非同居親宅へ移る。木・金・土曜日は非同居親宅を拠点として生活し学校にも通う。土曜日に同居親宅に戻

り、日曜日も同居親宅で過ごすことを意味している。

　ともあれ、これだけの移動を伴う二軒の家での子育てをスムーズに行うためには、思いつきや記憶ではなく、文書化した子育てに関する計画に基づく取組が必要であり、養育プランが開発されてきた。

　以上取り上げた二つの表のような子育ては、離婚した元夫婦が同一学区のような近居であり、両者の関係がこじれていない場合には、スムーズに行われる可能性がある。しかし、離婚した元夫婦が地理的に離れて住む場合や、近居でも感情的にこじれている場合には困難が生じがちであろうと思われる。米国はチャンスを求めて社会的・地理的移動を繰り返す人が多い社会であり、表に取り上げたような子育てが、現実にどれだけ普遍性を持っているかには疑問の点もある。

　目下の日本では、親権者が子どもを連れて、非親権者の了承を得ずに親権者の意思で自由に移動することが違法ではない。米国では同居親といえども、非同居親の了承なしに同居親の意思で、子どもを連れて自由に転居することは認められていない。そのようなことを行えば、児童誘拐、拉致として刑事罰の対象となる。

　就労の都合等で、子どもを連れて転居を希望する場合には、非同居親に転居先と転居理由を伝え、了解を求める手続きが必要である。非同居親が了解しない場合には、非同居親が裁判所に対抗措置をとる機会を提供することが求められている。米国では、同居親の子どもを連れての転居はrelocationと表現され、米国の裁判所での家事事件の中でも一定の比率を占めている。本章末尾の資料につけている、テネシー州の養育プラン書式のⅦに、relocationに関してふれている。

　わが国での面会交流
　わが国民法には面会交流に関する明文の規定がなかったのが、2011年の民法の一部改正にともない「父又は母と子との面会及びその他の交流」という表現が採用された。かつては、離婚後の親権者でない親は、子どもと

第五章　養育プランを考える

の交流を避け、蔭から子どもの成長を祈っているべきだという、考え方が受け入れられていた。さらには、離婚後は親子の縁を切りたいという意向や、一方の親の存在を子どもの心から消してしまいたいという、親の願望から面会交流を避けていた面もあると思われる。面会交流に関しては、1984年7月の最高裁判決によって、子の監護に関する処分事件として、家庭裁判所の乙類事件として取扱うことが定着していた。家事事件手続法によっても、別表第2に定める事件として位置付けられている。

　面会交流に関する調停条項は、2011年の民法の一部改正以降は、盛り込まれることが増えているが、わが国では子どもに動揺を与えるから等の理由から、時間も回数も限定的なものが多いように思われる。このため、増田勝久弁護士の「非監護親との面会交流を常態的なものではなく、子どもにとって非日常のものと考える傾向はわが国家庭裁判所に根強く」[6]との指摘は今でもあたっているように思われる。

　わが国の家裁の調停では、「申立人は、相手方が、長女の春休み、夏休み期間中に、長女と2泊までの宿泊を伴う面会交流することを認める。その具体的日時、場所、方法等は、子の福祉を尊重し、当事者間で協議して定める」といった調停条項で成立することがある。調停条項の後半部分の、「その具体的日時、場所、方法等は、子の福祉を尊重し、当事者間で協議して定める」という表現は、何も定まっていないとも解釈でき、今後に紛争が再現する可能性がある。

　わが国では、米国のビジテーションセンターのような、面会交流を支援する公的な仕組みはほぼ存在していない[7]。わが国では民間団体であるＦＰＩＣ（公益社団法人家庭問題情報センター）が、面会交流援助に関して開拓者的努力を進めており、大変興味深い内容の『面会交流事例集』を2008年に発表している。

　父母の間を頻繁に移動する、米国のあり方にも疑問を感じる点もあるが、米国では面会交流を支える文化と、面会交流を支援する仕組みに支えられて、わが国とは比較にならない程度の量の面会交流が日常的なこととして

実施されている。わが国の面会交流がいわば「ハレの日の行事」、「特別の日の行事」であるのに対し、米国では「普段（着）の営み」である点が大きな違いであろうと思われる。

3. 養育プラン（Parenting Plan）の内容

　離婚後は単独の監護者や親権者が子どもの養育をするあり方から、離婚後も父母が共同で養育をすることになれば、別々に住んでいるそれぞれの親が、どのように子どもを養育をするかが課題となる。両親間で無用な重複や混乱を避けるための工夫として展開してきたのが、筆者が「養育プラン」と表現している Parenting Plan である。Parenting Plan に関して定訳はないようであり、棚村政行は「共同監護のもとでの子の重要問題の決定や面会交流等についての詳細な計画」と Parenting Plan を紹介している[8]。石川亨調査官は「どちらの親がどのように子を監護するかの計画」と記している[9]。さらに、中澤智調査官は「監護計画」と訳している[10]。

　なお、2014年2月26日の衆議院予算委員会第三分科会において、林宙紀議員とともに、法務省民事局長が、養育プランに関して「共同養育計画」という表現を使っており、「共同養育計画」という表現が定着するかもしれない。

　米国で養育プランに含まれるべき内容に関しては、論者によって若干の違いがあるが、主には三つの領域が取り上げられている。

　一つ目は、子どもに関するどの領域に関する意思決定を、誰が行うかに関するルールである。日本では親権者がオールマイティであるが、米国等では領域によって権限を有する親が異なることがある。領域によっては、母親が決定権を持ったり、父親が決定権を持ったり、父母が共同で決定権を持ったりしている。よく決められる領域としては、教育、医療ケア、宗教活動、課外活動などがある。例えば教育に関しては、どの学校で教育を受けさせるか（例えば、公立の学校に行かせるか、私学に行かせるか、私

学の場合、どんな特色のある学校に行かせるか）などがある。

二つ目は、面会交流に関するルールがある。ただし、日本語の面会交流という表現には、一時的、短期間のことというニュアンスがあると思われる。しかし、米国等の現状は parenting time という表現にあるように、非同居親と過ごす時間が長く、二つある家で子どもがそれぞれの親とどのように過ごすかに関するルールととらえた方が、現状にあっていると思われる。[11]このため、①通常の時期における過ごし方、②クリスマス、ハロウィーン等の休日や、父母の誕生日等の過ごし方、③夏休み、冬休みなどの長期休暇の過ごし方、が含まれる。

三つ目は、紛争解決に関するルールである。一度決めたルールも、子どもの成長や、状況の変化によって、現実に即さないことが生じる。このため、父母間で意思の相違が生じた場合、どの機関のどの種のサービスを利用して解決にあたるか、紛争解決に要する費用負担をどうするかを前もって決めておくやり方である。

以上の他に、以下のサンプル養育プランや、本章資料のテネシー州の養育プランの書式にあるように、①養育費をどう負担するか、②父母間でどのように子どもの情報を共有するか、③子どもにかかる医療費や歯列の矯正に要する費用をどう負担するか、④万一、父（母）が死亡した場合に、子どもの養育に要する費用を保険でどう対応するか、⑤子どもと祖父母や親戚などとの交流、などを決めることもある。

4. 養育プランのサンプル

2002年に刊行された以下で取り上げた本では、養育プランの策定は離婚にあたり義務の州と任意の州があることがわかる。養育プランのイメージを提供するためにサンプルを一つ示してみよう。日本人に分かりやすいように、登場人物名は日本人らしい名前に変えている。

サンプル養育プランからの抜粋

　本プランの目的は、我々（小倉花子と小倉太郎）が両親としての責任をより良く果たし、我々の子ども（小倉良子）が我々の離婚に適応するのを援助することである。我々二人は、再婚するかしないか、どこに住むかを問わず、我々の愛情を必要とする良子のニードを尊重する。我々は育児にあたってパートナーとして協力し、彼女が必要とする愛情と気遣いを提供することが、良子の最善の利益にかなうことであると理解する。我々は、良子の教育、健康と、ケアと成長を取り扱う、相互に受け入れることのできるプランを作成することに、協力することに同意する。

意思決定
教育：良子は、イーストサイド小学校に通い続ける。花子は太郎に、全ての学期の通信表のコピーを提供し、学校の重要な行事（例えば、オープンハウス、学芸会、父母と教師の懇談会）を知らせる。転校に関するどんな決定も、相互の承認が必要である。学校が管理する、非常時に連絡する人物リストでは、花子が第一順位で、太郎は第二順位である。学校関連の重要な問題（例えば、成績関連や行動上の問題）で、一方の親の注意を惹いた情報は、他の親にも共有される。
健康管理：良子は、太郎の医療と歯科医療の保険によってカバーされ続ける。太郎は保険の変更に関し、花子に連絡する。保険によってカバーされない医療および歯科医療のコストの80パーセントを太郎が負担し、花子は残りの20パーセントを負担する。日常的な健康管理（例えば、良子は病院に行く必要があるかどうかの判断）は、良子がその時にいる親の責任である。すべての重要な健康管理の情報は、他方の親にも伝えられる。医療と歯科医療の主要な決定（例えば、緊急でない手術、歯列矯正）は、共有される。
宗教：我々二人は、良子をメソジスト教会で育て続けることに同意する。世話をしている方の親が、定期的に良子と教会に出席することに同意する。
躾：我々は良子の行動と躾に関して、定期的に話し合い、相互に認め合うアプローチを得るように努力する。しかしながら、違いが存在する点に関しては、我々はそれぞれの育児スタイルと権限を認める。二人の親が行動問題や課題に対し、全く同一の対処をする以外の方法があることを認める。

> **親戚との接触**：我々双方は、太郎と花子の以下に記す親戚と、良子が継続的な接触をすることを、支援することに同意する。
>
> ・親戚の氏名　福岡次郎
> ・親戚の氏名　飯塚小百合
> ・親戚の氏名　久留米三郎
>
> **意見の食い違いの取り扱い**
> 　毎年6月（深刻な問題が生じた場合は何時でも）に、我々はこのプランをチェックする。改訂が必要ならば、我々は相互に受け入れることの出来る変更を目指して話し合う。我々双方は、養育に関する意見の相違と、プランに関連する問題を解決するために、我々の最善を尽くす。我々だけでは意見の相違を解決することができない時には、我々双方が同意できる解決を援助するために、相互に選んだ調停者または外部の第三者とともに努力することに同意する。我々は、調停者または他の専門家のコストを折半する。
>
> 花子サイン　　　　　日付　　　　太郎サイン　　　　　日付
>
> 　　※ 以上は N.Long & R. Forehand.2002. *Making Divorce Easier on Your Child*. Contemporary Books の 120～121 頁よりの訳出である。

　このサンプル養育プランは抜粋のために、面会交流のことは含まれていないが、実際の養育プランには面会交流のことがかなり詳しく記されているのが通常である。この養育プランを読むと、子どもにとっては離婚後も父母双方ともに必要であり、離婚後も父母がパートナーとして子育てにあたっていく方針が伝わってくると思われる。さらに、父母間に子育てに関する方針等に違いがあって、同一の対処をしない場合でも、父母間に協力が可能であることが示されている。日本での離婚時の調停条項には出てこないような項目があることに注目していただければ幸いである。教育、健康管理、躾、祖父母等の親戚との交流が記されており、さらに毎年1回は子どもの成長・発達をふまえて養育プランの点検と見直しを行うことが定められている。

5. テネシー州の養育プラン

　筆者がかって生活していたテネシー州の状況について、テネシー州裁判所事務総局の役割を担っている Tennessee Administrative Office of the Courts のホームページから紹介してみよう。なお、テネシー州は人口約640万人のバイブルベルトと呼ばれている、プロテスタントの盛んな南部の州であり、保守的な政治風土の州とみなされている。

　テネシー州では、監護（者）と訳されている custody や面接交流と訳されている visitation という表現を止めて、直訳すれば「親の責任」となる parenting responsibilities が強調され、子どものいる夫婦の離婚には、原則的には Parenting Plan の策定が必須事項として、州法に基づき裁判所から求められる。原則的にはと表現したのは、離婚する親の中には子どもを虐待したケース等も含まれており、子どもとの交流が不適切と判断された親には、養育プランの策定は求められない。

離婚セミナー

　通常は、子どものいる夫婦の離婚にあたっては、教育プログラムである、離婚セミナー（Parenting Education Seminar）への出席が求められる。離婚セミナーに関しては、州法で4時間以上となっているが、裁判所によっては、より長い時間のセミナーを求めている。セミナーでは、離婚と子どもに関する情報が提供され、Parenting Plan に関しても情報提供される。なお、これらのセミナーは裁判所が直接提供するのではなく、裁判所が指定した機関が提供するセミナーを、利用者が選択して参加する仕組みが行われている。提供機関としては、大学や家族福祉機関が担っている。費用は有料であるが、所得に応じた減免制度がある。

テネシー州の Parenting Plan の書式

テネシー州で用いられている Parenting Plan のフォーマット（書式）はＡ４用紙で８頁の詳しいものであり、本章資料として訳文を紹介している。実際には、所得等の関連資料を付けるので更に情報が増える。含まれている項目を確認しておこう。

①子どもがどの親と、どのように過ごすのかに関する面会交流のスケジュール。日常のことから、休日や行事等の年間スケジュールまでかなり細かいことを決めていく。子どもの引渡しのことも定めるようになっている。日本の調停調書でよく用いられる、「申立人は、相手方が長男と面会交流することを認める。その具体的な日時、場所、方法等は、子の福祉を尊重し、当事者間で協議して定める」といった、あいまいな表現は認められない可能性が高く、詳しく定めることが求められている。

②意思決定は誰が行うか。就寝時間やテレビ等の日常的なことに関しては、子どもとその時を過ごしている親に権限があることが示されている。非日常的なことに関しては、学校選択等の教育に関すること、緊急性のない医療、宗教的なしつけ、課外活動、その他、とに区分され、それぞれ父親が担うか、母親が担うか、共同で担うかを定めるようになっている。日本の親権者のような、同居親が全部の事項の決定権を有するのではなく、非同居親が決定権を有する事項を定めることが可能である。

③養育費の取り決め。養育費負担者に一定程度税の控除があるようであり、その手続に関しても定めている。さらに養育費負担者が死亡しても子どもの生活を守るために、生命保険のことも含まれている。

④連邦法や他の州法との調整のために必要な、主に同居する親の法的権限についても定めている。

⑤ Parenting Plan の変更・修正の手続について定めている。

⑥当事者に認識を求めるためか、州法で定める、同居親・非同居親の権利、が記載されている。

⑦転居に関する旧配偶者への告知に関する州のルールが記載されている。

州外や、州内でも50マイル（約80キロメートル）以上の転居に関しては、法的対抗手段がとられるように転居の60日以上前に旧配偶者に連絡することが求められている。⑧離婚に関する親教育プログラムに関して、義務であることが確認のためか含まれている。

Parenting Plan に関しては、Tennessee Administrative Office of the Courts が刊行している解説文書の『養育プランに関するよくある質問』といった意味の Frequently Asked Questions About Parenting Plans という冊子がある（インターネットで取得可）。

Parenting Plan の作成手順

Parenting Plan の作成手順に関しては、離婚しようとする当事者間での話し合いが出来、内容に関し合意が出来た場合は、書式に従い必要事項を記入し、両者署名の上、裁判所に提出し、裁判所のお墨付きをもらう形になる。両当事者で話合いが出来ない場合や合意が出来ない場合は、それぞれの当事者が別々に書式に従い希望する事項を記入し、公証人の確認・署名を得て、裁判所に提出することになる。この場合、通常は調停手続に付され、合意形成が目指される。合意が出来れば、裁判所のお墨付きをもらい、有効な Parenting Plan となる。調停で合意が出来ない場合は、最終的には裁判所が決める形となっている。

米国の州は自治権が強いので、他の州のことは不明であるが、テネシー州の Parenting Plan に養育費の取り決めが含まれていることには注目する必要があると思われる。さらに、テネシー州の Parenting Plan には、当事者間で合意にいたった養育方針だけでなく、州法で定める離婚後の父母の権利等が確認のためか明示されており、当事者に内容に合意する署名を求めているのも特色であると思われる。

例を示すと、訓辞的な文章としては「離婚となっても、母父双方は、それぞれの子どもに対し、愛情のある、安定した、一貫した、慈しみのある、養育関係を提供するように行動する。母父双方は、お互いを悪く言ったり、

他方の家族のメンバーを悪く言ったりしない。それぞれの子どもが、もう一人の親との愛情を継続することを奨励し、どちらの家族にあっても安心して過ごせるように努力する。」がある。

離婚後の父母の権利の例示

　さらに、テネシー州法に基づき、離婚後も双方の親は以下の諸権利を有するとして、9項目の権利が示されている。そのうち、日本では発想しにくいと思われる5項目を示してみよう。

（1）子どもと少なくとも週に2回、妥当な長さの時間、電話で話をする権利。

（2）他方の親の開封や検閲なしに、子どもに郵便（mail）を送る権利。

（3）子どもが入院したり、重大な病気になったり、死亡した場合、可能な限りすみやかに（24時間以内に）、情報を受ける権利。

（4）子どもの課外活動、行事等に参加・見学するために、情報を得る権利。

（5）未成年の子どもを連れて一方の親が2日以上州を離れる場合、他方の親は緊急時の電話番号を含む旅程表を受け取る権利。

　これを見れば分かるように、離婚後の非同居親にも、親としてかなりの権利が認められている点が特色であり、非同居親が着信拒否に合うことなく、子どもと定期的に電話でコミュニケーションをとることを権利として認めている。このため、非同居親も直接電話で子どもの状態や意見を、少なくとも週に2回は確認できることになっている。

　本養育プランは、リベラルな東部の州などのものではなく、保守的な南部の州であるテネシー州のものである。保守的な南部の州においてすら、非同居親の権利を大幅に認め、離婚後の共同養育の方向性を明確に示していることに注目する必要があろう。

6. 今後日本でも課題となりそうなこと

　欧米のように、離婚後も元夫婦が何らかの形で共同養育にあたるとすれば、子どもがいない夫婦が離婚する場合を除けば、別れた前夫婦間での、子どもに関する情報の共有と、子育てに関する協議が継続的に必要となる。これにともない生じがちな葛藤・緊張の解決に、どういう仕組みであたるかが課題となってくると思われる。

　離婚後の子育てに関して、日本でも今後課題になりそうな事項としては、通知表のコピーを渡すか、学校の行事（入学式、卒業式等）への参加案内、歯並びの矯正、スポーツ活動、習い事、塾、クラブ活動、アルバイト、進路選択（どの高校、大学に進学するかどうか、進学するとすればどの大学のどの学部）、宗教活動、などに関する父母間の情報共有と決定、および費用負担をどうするかなどがあろう。

　さらに、面会交流を米国のように盛んに行うことになれば、いわば日本では常識と考えられている「子どもの負担にならない、子どもを利用しない、日常の生活リズムを乱さない」(12)等の発想をどう変え、どう対応したらよいかが問われることになると思われる。さらに米国のように、離婚した後も子どもを父母で共同して養育（監護）することを行えば、わが国では児童扶養手当との関連で、偽装離婚や内縁関係とみなされる可能性もあるのではないかと心配される。

　米国と比較すると、日本の家庭裁判所は司法機関としての純粋さを尊重してきたと思われる。別の表現では、日本の家庭裁判所は行政的機能に関しては禁欲的であったと思われる。さらには、履行されたかどうかの確認が可能なことを中心に、調停や審判を行い、確認が難しいことや不確定なことに対しては禁欲的であったと評価できる。また、家事事件では直接言及されないが、一事不再理的発想は生きており、状況の変化に応じて柔軟に決定を変えていくという手法は僅かしかとられていない。わが国でも、

離婚後も片親だけでなく二親が何らかの形で継続的に子育てに関わるとすれば、家事調停や審判のありかたにも大きな影響を及ぼすことになると思われる。

離婚にともなって、子どものことを含めて夫婦の関係は終結するとすれば、一件落着で終りとなり、伝統的司法モデルで対応できるが、子どものいる夫婦に関しては離婚後も子どもを中心に関係が続くとすれば、今までのモデルには限界があるのではなかろうか。わが国の今までの離婚調停は、親の離婚後の子どもの成長・発達や、子どもが過ごす生活や暮らしの詳細に十分な思いをはせることなく、夫婦間の対立・葛藤にケリをつけることに焦点があり、子どものことの比重が少なかったように思われる。今後は、調停条項の子どもに関する合意と記載を、従来の簡素なものから、米国のParenting Plan 等を参考にして、より詳細なものを求めることも検討の余地があると思われる。調停条項の子どもに関する事項の記載が詳しくなることになれば、協議離婚にもその影響が波及するものと思われる。

さらに長期的展望で期待を込めた対応を考えるとすれば、どの機関が提供するかは別として、父母に対するプログラムと、子どもに対するプログラムが、離婚前のサポートプログラム、離婚時のサポートプログラム、離婚後のサポートプログラムと、それぞれ三段階で合計6つのプログラムが必要となると思われる。

おわりに

筆者が本稿の元となる調停委員を対象とした研修会の講演依頼を受諾した理由は、調停委員として多くの離婚に関わってきたものの責任として、親が離婚した子どもをどう支えていくかが大きな課題であることを訴えたいと思ったからである。米国では離婚件数も多いが、親の離婚を経験した子どもを支援するプログラムも豊富である。これに対し、わが国では離婚に関し、家庭裁判所ではかなりていねいに取扱っているが、協議離婚では

放任である。さらに、親の離婚を経験した子どもを支えるプログラムはほぼ皆無である。

　米国には日本のような協議離婚の制度はなく、すべての離婚のケースは何らかの形で裁判所と関わっている。通常は簡易な手続で離婚となるが、裁判所を経由せずに離婚することは出来ない。米国ではかなりの地域で離婚予定者に、離婚後子どもをどう養育するかを中心にした、教育プログラムへの参加が求められ、さらに詳しい内容の Parenting Plan の作成が求められている。このようなプログラムによって、離婚しようとしている親は、子どもがかかえがちな課題についても考える機会が提供されている。これに対しわが国では、離婚の9割を占める協議離婚においては、子どもに関しては親権者のみを定めれば離婚できる。良く言えば、日本の制度は高い自由度が特色である。しかし、子どもを守る制度的仕組みを欠いており、子どもに対する配慮が少なすぎるのではないかと思われる。

　わが国の社会保障給付費の約70％は高齢者関係に使われており、児童・家族関係は僅か約4％である。高齢者に対しては、わが国の経済発展と平行して、医療保障、所得保障（年金）、介護保障（介護保険）と社会的対応を展開してきた。これに対し児童に対しては、戦後すぐの制度から大きな発展がない。離婚や子どものことは私的なこと、家庭内で対応すべきこととして取扱われ、社会的対応の工夫が不十分だと思われる。わが国では、子どものことを十分に配慮しない社会を作ってきたことのしっぺ返しとして、少子化が進んできているように思えてならない。

　わが国では毎年の自殺者数が3万人を超えていた。最近、精神保健の課題として、自死家族支援のプログラムが動き出している。一方、わが国の年間離婚件数は、2012年で、離婚件数23万5406件、未成年の子どもがいる離婚は13万7334件（離婚全体の58.3％）、親の離婚を経験した子どもの数は23万5232人に達していると厚生労働省の『人口動態統計』は報告している。年間23万人以上の未成年の子どもが、社会的支援もなしに親の離婚に向き合うことを余儀なくされている。本来であれば、児童相談所など

が対応できれば良いのであるが、全国の児童相談所は児童虐待等に忙殺されていて、余力がない。他に有力な家族福祉機関も存在しない。

先にもふれたように、わが国の裁判所は行政的機能に関しては禁欲的である。このため、親が離婚した子どもへの支援を家庭裁判所が直接行うことには無理があると思われる。このため、ＮＰＯなり何らかの仕組みの工夫をして、親が離婚をした子どもを支えるプログラムをささやかでも創出し、大きく育てていく必要があると思われる。このため皆様方のお知恵をいただき、なんとか進めることは出来ないかと考えている。ぜひ皆様方から親が離婚した子どもを支えるプログラムや仕組みに関して、何らかのアイディア等をいただければと切望している。

注

（１）　コンスタンス・アーロンズ著、天冨俊雄他訳『離婚は家族を壊すか』（バベル・プレス、2006 年）36 頁。
（２）　波多野里望著『逐条解説　児童の権利条約』（有斐閣、1994 年）63 頁。
（３）　沼邊愛一他編『現代家事調停マニュアル』（判例タイムズ社、2005 年）230 頁。
（４）　ＮＰＯ法人Ｗｉｎｋ編『離婚家庭の子どもの気持ち』（日本加除出版、2008 年）137 頁。
（５）　長井憲一・寺脇隆夫編『解説・子どもの権利条約』（日本評論社、1992 年）68 頁。
（６）　日弁連法務研究財団　離婚後の子どもの親権及び監護に関する比較法的研究会編『子どもの福祉と共同親権―別居・離婚に伴う親権・監護法制の比較法研究―』（日本加除出版、2007 年）163 頁。
（７）　米国のビジテーションセンターを紹介した文献には、棚瀬一代著『離婚と子ども』（創元社、2007 年）がある。
（８）　前掲、『子どもの福祉と共同親権―別居・離婚に伴う親権・監護法制の比較法研究―』81 頁。
（９）　石川亨「アメリカ合衆国カリフォルニア州及びオレゴン州における子の監護に関する事件の処理の実情について」（『家庭裁判月報』55 巻 6 号）149 頁。

(10)　中澤智「アメリカ合衆国カリフォルニア州及びワシントン州における離婚事件の処理の実情について」(『家庭裁判月報』59巻3号) 168頁。
(11)　この状況を示している絵本としてはマジュレル文、デントン絵、日野智恵、日野腱訳『おうちがふたつ』(明石書店、2006年) がある。
(12)　ＮＰＯ法人しんぐるまざあず・ふぉーらむ編『シングルマザーのあなたに』(現代書館、2008年) 30頁。

　本稿は、2008年9月30日に福岡家庭裁判所小倉支部で行った、家事調停委員研修会の講演に一部加筆して、福岡調停協会連合会の『調停会報ふくおか』60号 (2009年) に「親の離婚と子ども－養育プランを中心に－」として掲載されたものに、全面的に加筆・修正したものである。

資料　テネシー州養育プラン（翻訳）

　欧米では、児童の権利条約に示されているように、離婚後も同居親だけでなく、別居親も子どもの養育にあたることが求められてきた。同時に、フェミニストに対抗する形で、父権運動が広がりを見せ、子育てにおける男女平等を求める運動が、一定の高まりを見せてきた。

　離婚後は別々の家に住む父母が、バラバラに子どもに接することから生じる混乱を避け、比較的一貫した養育を行うための工夫が求められた。その中で、養育プランという方法が開発された。

　現在の米国では、州政府（裁判所）が養育プランの書式を定めている州もあれば、書式を定めず養育プランに含まれるべき事項を指定している州もあれば、養育プランの策定を義務化せずに奨励している州もある。

　テネシー州では、①州政府が養育プランの書式を定めているだけでなく、②8ページにわたる詳細なものであること、③書式がカバーしている内容が、包括的・網羅的であること、④州政府が定める離婚後の親の権利が組み入れられていること、などが特色である。

　養育プランは、州政府が定める方式の他に、家族法を専門とする弁護士の組織が、モデル養育プランに含まれるべき内容を明らかにした報告もある。

　日本は民法の家族法領域の本格的改正は行っていないが、裁判所での実務の積み上げと、民法の一部改正により、徐々にではあるが欧米のやり方を取り入れている。欧米の家族法の工夫で取り組めていないことの一つに養育プランの策定がある。いずれわが国でも、養育プランが導入される日が来ると思われるので、サンプルを示す意味もあって、テネシー州の養育プランの翻訳を示すことにした。硬い、完成度の低い翻訳ではあるが、百

聞は一見にしかずの効果を期待したい。

　以下は2014年現在において、テネシー州で利用されている養育プラン書式の翻訳である。

テネシー州	裁判所名(必須)	地区（カウンティ）名(必須)
長期的養育プラン □ 提案　□合意済み　□裁判所からの命令		事件番号 _____ (必須) 担当部門 ____
原告（氏名、ミドルネーム） _____ □母親　　　□父親		被告（氏名、ミドルネーム） _____ □母親　　　□父親

　離婚となっても、母父双方ははそれぞれの子どもに対し愛情ある、安定した、一貫した、慈しみのある養育関係を提供するように行動する。母父双方は、お互いを悪く言ったり、他方の家族のメンバーを悪く言ったりしない。母と父は、子どもが他方の親との愛情を維持することを奨励し、どちらの家族にあっても快適に過ごせるように努力する。

本プランは　　□　新しいプランである。
　　　　　　　□　　年　　月　　日に作成したプランの修正版である。
　　　　　　　□　　年　　月　　日付の裁判所の命令の修正版である。

子どもの名前	生年月日

第五章　養育プランを考える　107

Ⅰ. どちらの親とどう過ごすかの予定

A. それぞれの親と過ごす時間

主要な同居親は _____ である。

下記のスケジュールに従って、それぞれの親は子ども達と以下の日数を過ごす。

　　　　　母親 _____ 日　　　　父親 _____ 日

B. 日常のスケジュール

下記に記された他方の親が責任を持つ期間を除き、□母親　□父親、が子ども（達）の責任を持つ。

　　始期 _____　終期 _____
　　　　何月何日の何時から　　　　　　　　何月何日の何時まで

　　□毎週　□隔週　□その他（ _____ ）

他方の親は下記に記された付加的養育時間には、子ども（達）のケアの責任を果たす。

　　始期 _____　終期 _____
　　　　何月何日の何時から　　　　　　　　何月何日の何時まで

C. 休日および学校がない日のスケジュール

子どもが過ごすのが、奇数年、偶数年または毎年か記すこと。

　　　　　　　　　　母親　　　　　　　　　　父親

正月　　　　　　_____　　_____

大統領の日　　　_____　　_____

イースター　　　_____　　_____
(学校の春休みと重ならない場合)

過ぎ越し祭　　　_____　　_____
(学校の春休みと重ならない場合)

母の日　　　　　_____　　_____
(学校がない場合)

父の日　　　　　＿＿＿＿＿＿＿＿＿＿　＿＿＿＿＿＿＿＿＿＿
独立記念日　　　＿＿＿＿＿＿＿＿＿＿　＿＿＿＿＿＿＿＿＿＿
労働者の日　　　＿＿＿＿＿＿＿＿＿＿　＿＿＿＿＿＿＿＿＿＿
ハローイン　　　＿＿＿＿＿＿＿＿＿＿　＿＿＿＿＿＿＿＿＿＿
感謝祭　　　　　＿＿＿＿＿＿＿＿＿＿　＿＿＿＿＿＿＿＿＿＿
子どもの誕生日　＿＿＿＿＿＿＿＿＿＿　＿＿＿＿＿＿＿＿＿＿
その他の学校の休日＿＿＿＿＿＿＿＿＿　＿＿＿＿＿＿＿＿＿＿
母の誕生日　　　＿＿＿＿＿＿＿＿＿＿　＿＿＿＿＿＿＿＿＿＿
父の誕生日　　　＿＿＿＿＿＿＿＿＿＿　＿＿＿＿＿＿＿＿＿＿
その他（　　）　＿＿＿＿＿＿＿＿＿＿　＿＿＿＿＿＿＿＿＿＿

　祭日は、下記に指定した日を除き、祭日の前日の夕方6時に始まり、祭日の夕方6時に終わる。

D. 秋季休暇(適用がある場合)

日常のスケジュールが適用されないのは、

＿＿＿＿＿＿＿＿＿＿＿からであり、　＿＿＿＿＿＿＿＿日から通常に戻る。

E. 冬期(クリスマス)休暇

　　□母親　□父親、が学校が休みとなる最初の日から12月＿＿＿日の＿＿＿時までの期間を□奇数年　□偶数年　□毎年、子どもを担当する。他方の親は、上記日程から始まる後半の日程を、学校が再開される前日の6時まで子どもを担当する。父母は、前半と後半を、年が変わると交互に交代する。

その他の約束事：＿＿＿＿＿＿＿＿＿＿＿＿＿＿＿＿＿＿＿＿＿＿＿＿

F. 春期休暇（適用がある場合）中の日常のスケジュールは＿＿＿＿＿＿＿を除いた、＿＿＿＿＿＿＿＿から始まる。

G. 夏季休暇中の日常のスケジュールは、＿＿＿＿＿＿＿を除いた＿＿＿＿＿＿＿から始まる。事前に文書による通知が必要であるか？

　□必要　□不要。必要な場合には＿＿＿＿＿＿日までに必要。

H. 移動の手配

子ども（達）を、両親間で移動させるために会う場所を　＿＿＿＿＿＿＿＿と

定める。

長距離間の移動費用の支払いが必要な場合、□母親　□父親　□平等に、支払う。その他の取り決め、

_____

子どもの世話をする親が、有効な運転免許を有さない場合には、子ども（達）を守るために、適切な交通手段を講じなければならない。

I. 養育親に監督をつける必要があるか

□　必要があればチェックすること。

日常のスケジュールに監督が必要な場合には、以下に記入のこと。

□　場　所：
_____.

□ 監督する人物と所属組織：_____.

（必要であれば）監督に要する費用負担：□母親　□父親　□平等に負担。

J. その他

養育にあたっては、下記の特別な取扱いが必要である。

_____
_____
_____

Ⅱ. 意思決定

A. 日常の意思決定

子どもに対する日常のケアに関しては、子どもの健康や安全に関する緊急的な決定を含め、その時に子どもと一緒に過ごしている親が、意思決定を行う。

B. 主要な意思決定

それぞれの子どもに対する主要な意思決定は以下のように行う。

教育に関する決定	□ 母親　□ 父親　□ 共同で
緊急時でない医療ケア	□ 母親　□ 父親　□ 共同で
宗教的なしつけ	□ 母親　□ 父親　□ 共同で

課外活動	□ 母親	□ 父親	□ 共同で
その他（＿＿＿＿＿＿＿）	□ 母親	□ 父親	□ 共同で

Ⅲ. 経済的支援策

A. 養育費

父親の一月当たりの総収入は　＿＿＿＿＿＿　ドルである。

母親の一月当たりの総収入は　＿＿＿＿＿＿　ドルである。

 1. 養育費に関しては以下のように決定した。

  □ 母親　□ 父親 が他方の親に、□ 毎週　□ 毎月　□ 月に二回

  □ 二週間ごとに ＿＿＿＿＿＿ ドルの養育費を支払う。

養育費計算書式を、資料として添付する。

養育費の算定が、州養育費ガイドラインから逸脱している場合には、その理由を記すこと。

＿＿＿＿＿＿＿＿＿＿＿＿＿＿＿＿＿＿＿＿＿＿＿＿＿＿＿＿＿＿＿＿＿＿＿

 2. 未払い分の養育費に関しては、州養育費ガイドラインの1240-2-4.06に従って、利息分を含めて、□ 母親　□ 父親が ＿＿＿＿＿＿ ドル支払う義務があることを認め、完済するまで　□ 毎週　□ 毎月　□ 月に二回　□ 二週間ごとに ＿＿＿＿＿＿ ドル支払う。

 3. 支払いは、20＿＿＿年 ＿＿ 月 ＿＿ 日より始まる。

本養育費の支払いは　□ 直接他方の親に支払う。

□州養育費納入センターに支払われ、そこから ＿＿＿＿＿＿＿＿＿＿ の他方の親に支払われる。

□本養育プランに、賃金控除指示書が添付されている。

□他方の親の銀行口座 ＿＿＿＿＿＿＿＿＿＿＿＿＿＿＿ に支払う。

□所得証明が添付されていない場合、その理由 ＿＿＿＿＿＿＿＿＿＿＿＿

□その他

＿＿＿＿＿＿＿＿＿＿＿＿＿＿＿＿＿＿＿＿＿＿＿＿＿＿＿＿＿＿＿＿＿＿＿

＿＿＿＿＿＿＿＿＿＿＿＿＿＿＿＿＿＿＿＿＿＿＿＿＿＿＿＿＿＿＿＿＿＿＿

両親は、養育費の減額ないし修正に、事前に裁判所の承認が必要であることを認識している。

　養育費ワークシートは、州民生局のホームページから取得するか、各地の養育費事務所で入手すること。

B. 連邦所得税控除

　　□ 母親　　□ 父親　が養育費を受け取っている。

　　母親は、以下の子どもの分を請求する。＿＿＿＿＿＿＿＿＿＿＿＿＿

　　父親は、以下の子どもの分を請求する。＿＿＿＿＿＿＿＿＿＿＿＿＿

　　□ 母親　　□ 父親 は申告書の期限である1月15日に養育費が支払われている場合には、子どものための控除を申請する。控除は始期を＿＿＿＿＿＿＿年とし

　　□ 交互に　　□ 毎年　　□ その他＿＿＿＿＿＿＿＿＿で請求する。

　　□ 母親　　□ 父親は申告書の期限である2月15日までに、税控除が認められている親にIRS8332様式で情報を提供する。

C. 所得と子どものケアのための費用の証明

それぞれの親は他方の親に、期限を守って所得証明を送らなければならない。2月15日までにIRS様式W-2と1099を他方の親に送らなければならない。4月15日までまたは提出の遅延が認められた日までに、連邦所得税申告書の写しを他方の親に送らなければならない。

　州民生局に求められた記入済みの用紙を、養育費を払っている親に対する連邦所得税申告書の期限までに送付しなければならない。この要件は、親が民生局からの給付を受けている場合に限られる。

　就労に関連して子どものケアに要する費用を負担している親は、その費用に関する証明を他方の親に前年中に、また次年度の見積もりを2月15日までに送らなければならない。

D. 医療および歯科保険

子どものために必要な医療保険料は、

　　□ 母親が支払う　　□ 父親が支払う　　□ 父母双方が支払う

　保険が継続していることの証明を、年に1回他方の親に提供しなければならない、保険契約の変更を行った場合にもそのことを伝えなければならない。

保険に加入している方の親は、他方の親が保険会社と保険内容に関して相談することを了承する。

メガネ、コンタクトレンズ、定期的な健康診断およびカウンセリングには限定されないが、これらを含む保険によってはカバーされていない必要な医療費は、☐母親　☐父親　☐所得に比例して負担する。医療費に関して保険より一部が支払われた場合は、請求書を受け取った方の親は、他方の親に10日以内に送付する。送付を受けた親は、請求書を受け取って30日以内に負担分を支払う。

子どもに対する歯科、歯列矯正、眼科の保険が、職場の福利厚生として利用できる場合には　☐母親　☐父親が加入する。

E. 生命保険

両者間の合意に基づき、☐母親　☐父親　☐両者、は終身保険ないし定期保険として、最低限＿＿＿＿＿＿＿ドルの生命保険に加入する。子どもの扶養義務がなくなるまで、それぞれの保険契約では唯一の取り消し出来ない第一受取人として、子どもを指名し、☐他方の親　☐その他の人物＿＿＿＿＿＿＿＿＿を、（新たな）契約なしに子どもへの給付の受託者とする。

Ⅳ. 他の法的目的のための主要な親（監護者）

子どもは主な時間を☐母親　☐父親、と過ごす。この親を監護者として知られている主要な同居親として指名するが、これはもっぱら適用のある州法や連邦法のためだけのものである。Ⅱの意思決定のところにおいて共同の場合、および医療およびその他の保険を共同に行う場合は、共同監護とみなされる。なお、この主要な同居親としての指名は、本養育プランにおける権利と責任に影響を及ぼさない。

Ⅴ. 本プランをめぐって不一致が生じたり、修正を求める場合

本養育プランに関して両親間に不一致が生じたり、修正を求める場合は、養育費、医療保険、歯科保険、医療保険および歯科保険によってカバーされていない費用、生命保険に関することを除いて、裁判所に訴える前に、問題

を誠実に解決する為に、下記の手続によらなければならない。

　□ 両親（間）または裁判所が選んだ、中立的立場の者による調停。
　□ 両親（間）または裁判所が選んだ、中立的立場の者による仲裁。
　□ 保護命令や制限命令を裁判所が発した場合。

上記のための費用は、裁判所外の紛争解決手段や裁判所によって、両親の所得に応じて決定される。このための手続は、□ 書面による要請　□ 配達証明郵便　□ その他　（＿＿＿＿＿＿）によって、他方の親と裁判所に通報した上で行われる。

紛争解決過程においては、

A. 本養育プランの実施が優先する。

B. 養育プランの実施にともなう紛争の解決に、紛争解決過程が用いられる。

C. 合意に至った場合には、文章化された記録が作られ、その合意文書は双方に提供される。

D. 一方の親が正当な理由なく出廷しないと裁判所が判断した場合には、申請に基づき、弁護士費用と経済的制裁を科すことがある

Ⅵ. 両親の権利

テネシー州法 T.C.A. § 36-6-101 に基づき、双方の親は以下の権利を有する。

（1）少なくとも週に2回妥当な長さの時間、子どもと邪魔されずに電話で話す権利を有する。

（2）他方の親の開封や検閲を受けることなしに、子どもに手紙を送る権利を有する。

（3）子どもが入院したり、大きな病気にかかったり、死亡した場合、24時間以内の出来るだけ速やかに、連絡と必要な情報を受ける権利を有する。

（4）子どもが通っている学校から直接、親に通常渡される学校の記録を受け取る権利を有する（学校は、コピー代の支払いと、郵送先の住所の連絡と、書面による申請を求めるであろう）。これらには、子どもの通知表、出席記録、担任教員の氏名、学級の予定表、標準学力テストの結果、が含まれる。

（5）別に法に定めがある場合を除き、医療を提供した医師や医療機関か

ら直接、子どもの健康記録や治療記録を受け取る権利を有する（医療記録の管理者は、受取人の住所の連絡と、コピーの費用の負担と、書面による請求を求めるであろう）。この請求にともなう一方の親の郵送先は、他方の親や第三者には伝えない。

（6）子どもに対しないし子どものいる前で、他方の親から、もう一人の親やその家族に対する不当な侮辱的な発言を免れる権利を有する。

（7）参加したり、見学できるように、可能な場合は少なくとも48時間前に（子どもの）すべての課外活動に関して知る権利を有する。これらの課外活動には、親の参加や親が見学することがふさわしい、学校での行事、運動競技、教会での活動やその他の活動が含まれる。

（8）他方の親が子ども連れで州外に出る場合には、2日以上前に旅程表を受け取る権利を有する。旅程表には緊急時の連絡先の電話番号が含まれたものでなければならない。

（9）すべての親が参加することを許されている学校の活動に、（同居親でない）親も参加する権利を有する。それらの活動には、昼食会やその他の活動が含まれる。しかしながら、参加は子どもの教育活動を妨害しないものであり、日常活動を妨害しないものでなければならない。

Ⅶ．親の転居に関する予告

テネシー州法（T.C.A. § 36-6-108）の親の転居に関する予告に関しては以下のように解釈されなければならない。

子と同居する親が、州外ないし州内でも他方の親より50マイル以上離れた地点への転居を検討する場合は、他方の親の最近の住所宛に書留ないし配達証明郵便で予告をしなければならない。裁判所から認められた緊急の場合を除き、予告は転居の60日前までに通知されなければならない。予告には、下記のことが含まれなければならない。

（1）転居の意図に関する説明
（2）新しい住居の位置
（3）転居を必要とする理由

（4）他方の親が転居に反対する場合、訴状の提出が予告を受けて30日内に行われなければならないことの通知。

Ⅷ．親教育プログラム

　親教育プログラムの要件は、　□両親とも充足　□母親だけ充足　□父親だけ充足　□両者とも充足していない。

　本命令から60日を超えての親教育プログラムへの不参加は、法廷侮辱罪として処罰されることがある。

　嘘を語った場合には偽証罪に問われることがあることを理解した上で、本プランは子ども達の最善の利益に基づき誠実に宣言したものであり、添付している養育費ワークシートは真実であり、正確であることを誓います（両親の合意に基づくプランでなく、一方の親からの提案である場合には、公証人の証明が必要である）。

母親署名　　　　　　　　＿＿＿＿＿＿＿＿＿＿＿＿＿＿＿＿＿＿
署名した場所と年月日　　＿＿＿＿＿＿＿＿＿＿＿＿＿＿＿＿＿＿

公証人への宣誓と面前での署名は、　　　年　　　月　　　日に行われた。
公証人職権の失効日：＿＿＿＿＿＿＿＿＿＿＿＿＿＿＿＿＿＿
公証人署名　　　　＿＿＿＿＿＿＿＿＿＿＿＿＿＿＿＿＿＿

父親署名　　　　　　　　＿＿＿＿＿＿＿＿＿＿＿＿＿＿＿＿＿＿
署名した場所と年月日　　＿＿＿＿＿＿＿＿＿＿＿＿＿＿＿＿＿＿

公証人への宣誓と面前での署名は、　　　年　　　月　　　日に行われた。
公証人職権の失効日：＿＿＿＿＿＿＿＿＿＿＿＿＿＿＿＿＿＿
公証人署名　　　　＿＿＿＿＿＿＿＿＿＿＿＿＿＿＿＿＿＿

記入内容の承認：
母親の弁護士　署名　_____
住所
電話番号および弁護士整理番号

父親の弁護士　署名　_____
住所
電話番号および弁護士整理番号

注意：裁判官は下に署名したり、最終判決に署名したり、本プランを盛り込む別の命令に署名することがある。
裁判費用(適用がある場合)
　裁判費用は下記のように課せられる_____.

本決定は　　　　年　　　月　　　日になされた。
裁判官　署名_____

第六章　離婚を考えているあなたへ

プロローグ

　第五章まではやや硬い、学術論文的なスタイルで書いてきた。本章では、筆者が養育費の無料相談会など、様々な場面で出会った人々を思い出しながら、離婚を考えているあなたへの個人的なメッセージの形で書いてみたい。

　離婚を求めるのは、洋の東西を問わず女性が多いので、30代前半で子どもが2人いる女性Bさんを中心にしてみよう。Bさんの夫はサラリーマンである。Bさんは職場で夫と知り合い、職場恋愛を経て、結婚とともに寿退社して、今までは平凡に生きてきた。経済状態は、特に恵まれている方ではないが、夫の年収は500万円台であり、Bさんのパート収入の約100万円と合わせると、年収は実質600万円台である。ローンを組んでマンションを購入した。着実にローンの返済も進んでいるが、ローン残高はまだ1500万円近く残っている。

　そんなある日、何気なく夫の携帯電話の履歴を見ていると、何やら怪しい履歴が見えてきた。その日を境に、夫の行動に注意が向くようになると、浮気の匂いがしてきた。夫に問いただしてみたが、浮気は否定するが、何か歯切れが悪い感じは残っており、すっきりしない状態が続いていた。そんなある日、日曜日に夫がいそいそと外出した。友人Dさんからの誘いで、ゴルフに行くとのことである。夫がDさんとゴルフに行っていると思っているところに、Dさんから電話がかかってきて、夫はDさんと一緒に行動していないことが発覚した。

「離婚して後悔した女はいない」「こんなことだったら早く（離婚）したらよかった」（神原文子、2012）と威勢のいい発言をする女性もいるが、こんな状態になったら、あなたはどうしますか。

1. 情報収集に努める

　夫の浮気がわかったら、直線的に離婚を求める人がいるが、ここではすぐに衝動的に離婚に向けて行動を起こすのではではなく、十分に考える時を持つことが重要であろう。「離活」と離婚活動を短縮形で表現する人もいるが、離婚についても準備が必要であろう。

　離婚のことが頭をよぎるようになったとしても、すぐに離婚の結論を出さずに、第一にすべきことは情報収集に努めることである。

　可能であれば、夫の携帯やパソコンのメールや写真等の情報を集め、コピーを作ることである。作成日時等の情報も忘れずに。

　夫に問いただすことはしても良いが、離婚を前提にした問いただし方にならないように注意しよう。夫は浮気が発覚しそうになったことで浮気をやめるのか、二股かけた生活を当分は続けようとしているのか、それとも現在の家庭を壊してでも不倫相手と新しい生活を目指しているのか、これを見極めることが重要になろう。夫が不潔に見えるかもしれないが、同居状態で状況把握に努める必要があろう。

　次にすべきことは、離婚したらどうなるかに関する情報を集めることである。女性の一部には、母子家庭の貧困の悲惨さを知らずに、離婚へとひた走る人がいるが、離婚したら生活はどうなるかを知ることが重要である。多くの世帯では別居や離婚によって、今までの収入で二世帯が生活することになり、急激に生活水準が低下しがちである。

　2011年11月に実施された厚生労働省の『平成23年度　全国母子世帯等調査結果報告』（インターネットでアクセス可）によると、母子世帯の母の雇用形態は「正規の職員・従業員」が39.4％、「パート・アルバイト等」が

47.4％であり、「パート・アルバイト等」の割合が高い。平均年間就労収入は、「正規の職員・従業員」が270万円に対し、「パート・アルバイト等」では125万円である。これらを反映して、母子世帯の平均年間就労収入は、181万円（生別母子世帯に限定すると175万円）である。生別母子世帯では、年間就労収入が200万円未満が、63.9％を占めている。

　データが示すように、パートや派遣の仕事では母子世帯の女性が、就労収入で181万円を超えるのは容易ではない。俗に「母子手当」と言われている児童扶養手当や、前夫からの養育費等を含めた、母子世帯の平均年収は278万円である。年収が278万円であれば、運よく公営住宅に入れても、母子3人では非常に厳しい経済生活が待っていることは予測できよう。以上は離婚が成立した場合であり、別居して離婚手続中の場合は、もっと収入が低いことが多く、生存ぎりぎりの綱渡り的生活を経て、離婚にいたる人も少なくない。

　このため区役所や市町村役場を訪ね、母子福祉施策に関する情報収集をしてみよう。窓口には様々な印刷物が置かれているが、分からないことは何でも窓口の職員に聞いてみよう。正式に離婚した場合と、離婚紛争中で別居中の場合で受けられる支援策の差異を聞いてみよう。公営住宅への優先入居の基準は何か、児童扶養手当受給の条件はどうなっているのか、子どもを連れて実家に戻った場合、児童扶養手当は受給できるのか、母子家庭の母親への就職支援はどうなっているのか、母子家庭の母親が新たな資格・免許取得のために就学した場合の就学支援策には何があるか、など詳しく聞いてみよう。

　さらに、母子福祉センターの職員や母子家庭の当事者団体の活動家に話を聞いて、母子家庭の現状と、成功例、失敗例を聞いてみよう。職員らと親しくなれば、かなりの情報が得られると思われる。

2. 法的知識の収集

次いでは、離婚に関する法的知識を収集しよう。法的知識に疎かったら、インターネットで情報を集めたり、法テラスや母子福祉センターで無料相談を受けたりしよう。なお、法テラスは国が設立した公的な法人であり、全国の都道府県に少なくとも一か所はあり、複数個所設置されている都道府県もかなりある。これらの相談で得られた情報をまとめてみるとともに、自分の都合の良いように解釈していないかを、検討してみよう。

別れた場合の、夫からの慰謝料、財産分与などの離婚給付に、期待し過ぎないようにしよう。芸能人などとは異なり、一般人の浮気にともなう離婚時の慰謝料の金額は、裁判所で決められる場合でも、普通の人が考えるよりも低額かもしれない。夫の浮気相手に慰謝料を求めることも可能だが、この場合は法テラス等で相談しよう。

ローン残があるマンションは、プラスの財産ではなく、マイナスの財産であることが多い。マンションの評価額は、5年も住めばかなり低下する。例えば、2000万円で買ったマンションの評価額が1000万円で、ローン残額が1500万円とすると、マイナス500万円の負債があるのと同じになる。このため、財産分与といっても、借金を分けるだけのこともある。離婚太りは、外国の芸能人のことと思った方が無難であろう。

養育費に関しては、裁判所で使われている算定表を入手し、使い方を知るのも方法である。子どもの年齢と、権利者と義務者の年収が分かると、大体の養育費の額は算定できる。権利者とは子どもを育てている親であり、義務者とは子どもと同居していない養育費を負担する親である。養育費や面会交流に関しては、東京にある養育費相談支援センターが役立つ情報を提供している。養育費相談支援センターは、厚生労働省の委託事業として運営されており、公的な性格の団体である。養育費相談支援センターのホームページでは、算定表だけでなく養育費に関する様々な情報が入手で

きる。養育費相談支援センターでは、養育費や面会交流に関する、電話料無料の電話相談も行っている。

養育費の額に関しては、支払う側と受け取る側で、評価が分かれがちである。裁判所で使われている算定表では、塾や課外活動の費用は考慮されていない。子どもが中学や高校で運動部に入れば、スパイク等の用具の消耗が激しく、遠征費などにもお金がかかるが、このようなお金は考慮されていない。子どもが吹奏楽部などに入れば、高額な楽器が必要になることがあるが、このような費用も考慮されていない。離婚すると、多くの場合このような費用は同居親である母親が負担している。費用負担の限界から、子どもが希望する課外活動をあきらめるケースも多く生じている。

離婚にあたって、子どもの教育費はどうなるかは多くの人の関心事であろう。子どもが生まれると、多くの家庭で将来の進学に備えて、学資保険に加入することが行われている。離婚にともなう収入の低下によって、学資保険の解約が行われがちである。学資保険の備えがなくとも、子どもの進学は可能であろうか。進学のための、奨学金や貸付金の制度はどうなっているのか調べることも重要である。

日本学生支援機構の奨学金、母子寡婦福祉貸付金の修学資金などは、どういう制度であろうか。これらを活用して子どもが大学等に進学することは可能であるが、現在の制度はいずれも給付型ではなく貸与型であり、返還の義務がある。このため現行の奨学金などは、卒業時に子どもに多額の借金を負わせる結果となっている。高校・大学と奨学金を受けると、600万円～800万円と膨大な返済額となる。このため社会に出て働き出しても、返済のために働いているような事態になりかねない。奨学金の活用はよいが、返還のことを考えた利用が必要であろう。

離婚にあたって、サラリーマンの妻等は年金分割の手続を行うと、婚姻期間に応じて分割してもらった年金を、将来受け取ることが出来るようになる。このためには、年金事務所で必要な手続きをとった上で、年金事務所で発行された年金分割のための情報通知書を家裁に提出する必要がある。

3. 新しい就職と学び

　離婚して過ごす母子家庭の期間は、再婚しない限り、20年余続くことがある。だとすれば、本格的な経済再建策が重要となる。このためには、夫との間に隙間風が吹いても、隙間風を大きくせずに、離婚後の生活のめどがつくまで同居を続ける、というのも一つの方法である。

　就職活動を大いにやってみよう。若い新卒予定の学生にとっても、就職活動は骨のおれる大きな課題である。それを30代・40代でやることになれば、自暴自棄になりそうな困難な課題であるが、開き直って積極的に取り組む必要があろう。パートではなく、正職員になることが出来れば経済的自立に一歩近づいたことになろう。

　学生時代に得た資格が役に立たないとすれば、経済的自立のために、新しい免許・資格をとることも一つの方法である。日本では学校に行き直しても、新しい就職につながらないこともあるので、慎重な見極めが必要である。看護学校に行って、看護師の免許をとることも選択肢の一つであるが、病院の看護師業務には夜勤があることが多く、子どもがいる母子家庭の母親の勤務形態としては無理な場合がある。

　日勤を中心とする、理学療法士、作業療法士、視能訓練士、歯科衛生士、言語聴覚士などの養成校で、国公立で比較的学費が安いところは入試難易度が高いが、候補となるかもしれない。

4. 子どもへの配慮

　子どもがいる夫婦の離婚の場合、片親で子どもを育てることに罪悪感を感じたり、離婚によって子どもがグレるのではないかと心配する母親は多い。このため、子どもに対する離婚の影響を少なくしたいと思い悩む母親は多いことと思われる。子どもに対するダメージを考えると、父親になつ

いていない幼い時期に離婚するのがいいのか、ある程度父親との生活が記憶に残る時期まで一緒に生活した方がいいのか、子どもの就職や結婚のことを考え、子どもが就職するまで我慢すべきか、子どもが結婚するまで我慢すべきか、悩みはつきないと思われる。

　子どもの発達段階によって、離婚にふさわしい時期を明らかにしようとした外国の研究はあるが、今までの研究によれば、時期を特定できていない。むしろ、いつ離婚するかが問題ではなく、どういう準備をして離婚するかが大切なように思われる。

　必要なこととしては、①子どもに対するていねいな離婚の説明、②罪障感にかられて無理なことを子どもに約束しない、③子どもの不安を減らす工夫をして離婚する、④経済生活があまり惨めにならないように生活設計をして離婚する、⑤父親との面会交流や祖父母との面会交流を含めて、子どもを中心とした人的ネットワークが維持される工夫をして離婚する、などが考えられる。③の子どもの不安には、転校することになって、いじめられたり、友達がいなくなるのではないか、今まで続けてきた野球などのスポーツが出来なくなるのでないか等の、具体的な不安を持ちがちである。子どもの不安には根拠のあることも多いので、かなりの工夫を必要としていると思われる。

　親が色々な準備と工夫を重ねても、それでも親が離婚すれば、子どもは空虚感から様々な想いを持って生きることになると思われる。親の離婚にともなう、子どものマイナスの感情表出を抑えるのではなく、やりきれなさや空しさなどの、子どもの感情表出を促し、子どもの心に寄り添いながら生きることが、親には求められているのではなかろうか。さらには、離婚後は子どもを相談相手にする母親が、洋の東西を問わず一定数見られるが、これは子どもには重すぎる課題であるので、相談相手は同性の友人に求めるなどの工夫が求められる。

　親の相談相手になった子どもは、一見物分かりの良い早熟な子どもに育つ。しかし、子どもはこどもらしく、可能な限り天真爛漫と無邪気に育つ

ことができる工夫が求められているように思われる。

5. 離婚の決心が固まったら

　いろいろなことがあっても、離婚の決心が固まったら、家裁の調停を利用することをお勧めしたい。離婚するためには、協議離婚という簡便な方法もあるが、養育費等の約束が守られなかった場合の対応等のことを考えると、子どもがいる離婚の場合は、特に家裁の利用をお勧めしたい。夫婦関係調整（離婚）の調停の申立てには、戸籍謄本などとともに費用が2000円程度必要である。申立にあたっては、所定の申立書を書く必要があるが、家裁の窓口で相談すれば、専門的知識がなくても書けると思われる。
　離婚の調停の申立時にすでに別居している場合には、別居中の夫に生活費を支払うように請求する婚姻費用分担の調停申立を、離婚の調停の申立と同時に行うのも方法である。この理由は、夫婦関係調整（離婚）の調停は、話し合いを繰り返しても合意に達しない場合には、調停不成立となり、何も決まらない状態で調停の手続は終わる。この状態から離婚を求める場合は、新たに離婚の訴訟を起こすことが必要になる。別居状態で何も決まらずに不成立で調停が終わると、困るのは多くの場合女性である。この場合、子どもを引き取っていても、子どもの生活費をもらえない事態が続くことになりがちである。
　婚姻費用分担の申立をしておれば、調停が不成立になれば、婚姻費用（子どもの養育費と妻の生活費に関して、夫側が分担して支払うべき額）に関して審判という方法で裁判官が金額と支払い方法などを決める手続になる。婚姻費用が審判で決められる場合、始期と表現される何月分からの費用を払うようにとの裁判所の決定が出るかに関しては、申立月が基準となる。このため別居した場合には、すみやかに婚姻費用分担の申立をするのも対応策の一つである。
　家裁での調停は、法的知識がなくとも、弁護士に依頼せずに、自分でで

きる。調停を担うのは男女それぞれ1人の調停委員と裁判官であるが、裁判官は多忙なため折り目の時だけ出席することが多い。子どもの親権や面会交流のことで争いがあれば、家裁調査官が立会することが多い。家裁調査官が親権の帰属等をめぐって、調査を行えば、裁判官に対し意見を付けた調査報告書を提出する。家裁調査官が作成した調査報告書は、調停や審判の当事者は原則的に閲覧可であり、有料でコピーを入手できる。自分の主張が誤解されていないか、重要な情報を調査官が見落していないか等を、チェックすることが可能になっている。調停は非公開であるが、裁判官や調停委員に分かってほしいことを、口頭で説明するだけでなく書面で主張することは認められているので、主張事項や要望事項などがあれば、積極的に書面にして提出することも方法である。この場合、思っていることのすべてをくどくどと文章化せずに、要点をおさえて書くことが必要であろう。調停中に、調停委員や裁判官などの説明が分からない場合には、遠慮せずに積極的に質問してみよう。

6. 弁護士を利用する場合

　調停で家裁に行くにあたって、慣れない場所に、慣れない用件で行くことに、緊張や不安が強い人もいる。この場合には、親や友人に裁判所まで同道してもらうのも方法である。なお、親や友人は調停室に一緒に入ることは認められない。委任を受けた弁護士は調停室に入り、代理人として行動することが出来る。このため費用を払って、弁護士に依頼する方法がある。あらかじめ知人の弁護士がいる場合もあろうが、多くの場合は初めて弁護士に依頼することになる。どのようにして弁護士を探せば良いかが課題になる。弁護士だったら誰でも良いというわけではなく、離婚などの家事事件に習熟している弁護士で、親身になってくれる弁護士、波長のあう弁護士を探すことが重要になる。弁護士にも様々な人がいるので、説教する弁護士、上から見下ろす弁護士、依頼者に関心のない弁護士、準備をし

ない弁護士などを避けるためには、慎重な人選が必要である。

　医師が内科、外科、眼科などと専門分化しているように、外国では弁護士業務が専門分化し、刑事事件専門の弁護士、家事事件専門の弁護士などと分化し、専門性を裏付ける学会等の組織による専門領域を特定化した、認定制度がある国もある。(1) わが国の弁護士の大部分は取扱う専門分野を限定しない何でも屋であり、家事事件に習熟している弁護士を探すことは容易なことではない。市区町村役場や母子福祉センターなどの、いくつかの場所の無料法律相談に行って、数名の弁護士と話し、大いに質問し素人に分かるように説明してくれるか等をチェックしよう。相談した弁護士の名前と対応をメモしておこう。その中で信頼の出来そうな弁護士を選び、次回は有料でその弁護士の事務所で相談し、波長が合い、信頼できることを確認して、依頼するのも一つの方法である。弁護士に頼むにあたって、率直に費用に関して話し合い、金額に納得して依頼することも重要である。

7. 調停で中心的に検討すべきこと

　家裁の調停では、夫婦関係の破綻原因や、双方の責任の程度、親権者の帰属や、金銭的な離婚給付や養育費が中心に置かれがちであるが、子どもの将来をどうするかを中心に話し合いを進める必要があろう。子どもにはどういう人になってほしいかに関しては、紛争中の夫婦の場合でも、かなり一致することが多い。今までも、サッカー選手になってほしい、公務員になって安定した生活を送ってほしい、研究者になって学問に身をささげてほしい、社会の不正義と闘う人になってほしいなど、様々な夢を託して子育てにあたってきたと思われる。離婚にあたって、父母それぞれが今までに抱いていた子どもに対する夢と、今後に期待することを再度明らかにし、父母間で情報交換を行うことが必要である。それにともない、どういう学校に行く必要があるのか、学校に行く必要のある期間、学校に必要な諸経費、などを明らかにして、通常の養育費とともに、臨時的な出費への

対応を話し合い、離婚後も子どもの将来のために、何が協力できるかを話し合うことが重要であろう。

　調停では、適切な主張をすることは必要だが、感情的になりすぎた過剰な主張は将来のために良くないと思われる。というのは、離婚したら元夫婦が完全に赤の他人となり、きれいさっぱりと関係が解消できるのは、子どものいない夫婦だけである。子どものいる夫婦の場合は離婚しても、子どもの養育をめぐって今後も何らかの程度の関係が長期にわたって続くと考える必要がある。

　調停で自分の主張が100％受け入れられるのを期待するのは非現実的ではなかろうか。交渉事には相手がいることだし、相手の言い分にもそれなりの根拠があることも多い。英語には It takes two to tango. という表現がある。直訳すれば「タンゴは1人では踊れない」だが、「片方だけのせいじゃない」という意味合いである。一般調停事件（離婚などの調停事件）では、調停が不成立になると、何も決まらない状態で終わりになる。この場合は訴訟（正式の裁判）で離婚を求めることは可能である。

　訴訟の場合も、本人訴訟（弁護士をつけずに、当事者自らが訴訟を行う）は可能であるが、素人が訴訟をうまくこなすことは難しいことが多いので、弁護士をつける人が増え、費用がかかることになりやすい。訴訟は原則公開で、手続の中では相手をとげとげしく、あげつらうことになりやすい。このような訴訟方式は、家族に関することの取り扱いとしては疑問符のつくこともあり、今後の肯定的な関係のためには向かない。このため、一般調停事件では50％自分の主張が認められたと判断すれば、調停成立を選ぶのが賢い方法であろう。裁判所で長期にわたってとげとげしい対応を続けていると、子どもに悪影響を及ぼす可能性が高い。

　単独親権制度のわが国でも、面会交流が法制化されたため、非同居親との面会交流が継続するケースが増加することが予測される。わが国では非同居親が子どもの入学式や卒業式、子どもの結婚式に出席することは、目下少ないが、これからは米国のように少しずつ増加するものと思われる。

このため、離婚紛争で徹底的に争うことは問題があり、「親しき仲にも礼儀あり」をもじって表現すると、「諍いの中にも礼儀あり」が今後の長く続く関係のためには重要ではなかろうか。

　家裁の調停や審判で決めた、婚姻費用や養育費に不払いが生じたり、決めた面会交流が実施されない場合には、家裁に電話で伝えると、家裁調査官が履行勧告という手続をとってくれる仕組みがある。家裁でもらった調停調書等を手元において、電話しよう。履行勧告とは、家裁調査官が債務者に対し債務が履行されない事情を調査し、債務の履行を勧告する手続であり、費用はかからない。ただし、履行勧告には強制力はなく、任意の協力を求める手続きである。債務者の収入や財産から強制的に取り上げる手続きは、強制執行と呼ばれている。調停や審判で決められた金銭に関する債務は、強制執行認諾条項がついた公正証書と同様に、強制執行が可能である。

　強制執行という手続は、非常に強力な手段であるために、慎重な取扱いが求められていると思われる。大半のサラリーマンの場合、強制執行の対象となる収入は、給与や賞与である。このため強制執行が行われるということは、当然職場に知られることになる。公務員や大手企業従業員の場合、強制執行を受けるということは、職場での信用をなくし、職場に居ずらくなりがちである。このため、強制執行を受けるサラリーマンは、かなりの確率で今までの職場を退職することになる。債務者が安定した職場を退職し、収入が低下し不安定就労をするようになれば、次の職場では強制執行は行いにくくなり、債務の支払いは以前よりさらに滞ることになりがちである。

8. 離婚後の前配偶者との関わり方

　離婚にあたって、前配偶者に人生をめちゃめちゃにされたと、前配偶者に強い憎しみ、怒りと不信の感情を抱くことはよくある。このため、前配

偶者を全面否定し、子どもに前配偶者に関する不満やグチを言いたくなることも自然なことであろう。しかし重要なことは、不満やグチを聞かされる子どもの立場に立って考えることである。子どもの立場からは多くの場合、父母は共に愛する親であり、片親が非難されることは、自身の半分が非難されるのと同じである。前配偶者に対する不満やグチ、批判は、子どもにではなく、親しい同性の友人等に吐露する方法がある。

　子どもには前配偶者に関するグチや不満を言わないだけでなく、子どもが前配偶者と面会交流や電話、メール等で親密な関係を持つことを励ますことが重要である。子どもにとっては、父も母も大切であることを自覚し、子どものために協力しよう。前配偶者が、子どもとの密接な関係を望む人であれば、前配偶者の誕生日や父の日（母の日）には、子どもがお祝いのカードを送ることに協力してやることは、同居親としての義務！　ではなかろうか。

　離婚後は前配偶者との関係を劇的に変えることが求められる。日本では配偶者を「オーイ」とか「お母さん」、「お父ちゃん」とかの呼び方がかなり使われている。これらの表現は、ある意味では親しさを表しているのかもしれない。しかし離婚後は、前配偶者の呼び方を含めて、関わりを全面的に変える必要がある。米国の文献によれば、ビジネスの取引先の人々との関係を参考に変えることを求めている。即ち、前配偶者との間に意識的に情緒的距離を保ち、礼儀正しく、プライバシーを尊重し、私生活に介入せず、ロマンティックな関係ではないことを確認することを求めている。

　離婚にあたって、ストーカー行為やＤＶがないにもかかわらず、前配偶者に対する不信感から、住所を秘匿にしてほしいと希望する当事者はかなりいる。離婚後、前配偶者がどこに住んでいるか分からない状態になることは、離婚後の子育ての協働が全く出来ないことになるので、このようなケースが減少することを期待したい。

　養育費を受け取ることは当然の権利として、受け取った折に謝意を示さない人もいる。しかし、養育費を継続して安定的に受け取るためには、は

がきやメールで謝意を伝えることは重要と思われる。さらに、前配偶者に子どもの状況を絶えず報告することが重要であろう。学校からの通知表はコピーを渡す、学芸会、運動会、修学旅行などの学校行事の写真は、前配偶者の分も注文して渡す。子どもが学校で表彰や処分を受ければ、そのことを伝えることが必要であろう。

　このように離婚はしても、子どものことをめぐっては、前配偶者と情報交換が必要であるとの認識は重要である。このため子どもがいる場合、深刻なＤＶでなければ離婚後といえども前配偶者との関係を断絶することは、適切ではないと思われる。

　配偶者としての適格性と、親としての適格性は別のことであると認識する必要がある。通常は、子どもは前配偶者と日常的に面会交流を行うことが望ましい。面会交流センターなどの第三者機関を利用しない限り、子どもが一定以上の年齢になり日程調整等が自分で出来るようになるまでは、面会交流には元配偶者間でのメールや電話でのコミュニケーションが必要になる。養育費を定期的に受け取っていても、子どもが全国大会に出場する費用などに関して、前配偶者の協力を求めたくなることがある。日常的に子どもの状態を伝えていれば、何かあった折に、協力を頼みやすい。

　非日常的なこととしては、子どもが病気で入院したり死亡したり、どちらかの親が大きな病気にかかり入院したり死亡した場合も、前配偶者と連絡を取る必要が生じよう。今までのわが国では、非親権者の親には何らの権限は認めてこられなかったので、非親権者の親に子どもに関する情報提供をすることは想定されていなかった。しかし、民法の一部改正によって面会交流が認められたことの余波は大きく、非親権者にも一定の権限が潜在的にあるのだという理解が高まると想定される。これにともない、従来とは異なり、前配偶者との情報交換は一段と重要になろう。

エピローグ

　「離婚というのは罪を犯したわけではなく、人生においてひとつの挫折をしただけのこと。しかも、離婚はその人自身がよりよい人生を歩むために真剣に悩み、最終的に下した決断です。」(佐々木正美)、とすっきり整理してみても、離婚をしたことは適切な判断であったかと、疑問の気持ちが周期的に沸き起こってくることがあると思われる。離婚に関して自らが下した決断に対し、疑問の気持ちがわいたり、落ち込んだりすることは、異常なことではなく、普通のことだとの認識が必要である。時間が薬になるのかもしれない。

　離婚にともなって子どもに、赤ちゃん返り、夜泣き、体の不調を訴えたり、ひきこもり、不登校などの深刻な症状がでる場合には、専門家の援助を受けよう。子どものことで、どこで相談・受診してよいか分からない場合には、幼い場合は小児科を受診し、少し年齢が上がれば児童相談所を利用するのも一つの方法である。

　子どもとの関係では、本書冒頭に引用した、ニューヨーク州裁判所事務総局が刊行した「親が離婚した子どもの権利章典」は参考になることが多い。日本では子どもを自らの所有物のように扱い、子どもを権利主体とみなしていない対応を行う親がかなりみられるが、権利章典を参考にして、子どもの権利を侵していないか、自省することが必要ではなかろうか。

　離婚生活を続けていると、再婚のことが頭をよぎる日があると思われる。米国の本には、離婚後のデートの持ち方、子どもへのボーイ(ガール)フレンドの紹介の仕方、などが詳しく書かれているのが通例である。文化や生活習慣の異なる日本で、米国方式を行うことには無理がある。筆者には蓄積が少なく、適切なアドバイスが出来にくいが、再婚も自然なこととしての対応が良いのではないかと思われる。なお、多くの米国の書籍が指摘しているように、離婚してすぐに再婚することは、子どもの心に大きな負

担をかける。親の再婚に対して、子どもは（同居）親を再婚相手に取られたと反発したり、問題行動を起こすことがある。このため、離婚して2年以上たって再婚することが望ましく、最短でもせめて離婚から1年以上の期間をあけて再婚することが、子どものためには望ましいように思われる。

　子どもがいる親が再婚するに当たっては、再婚相手と子どもとの養子縁組を行うか、行うとすれば、いつ行うかが課題となる。再婚と同時に養子縁組を行い、新しい夫婦と子どもが同じ氏（姓）を名乗り、家族としての一体感を高めようとする考え方もある。この場合、義父（母）と子どもに精神的親子関係が形成されていないのに、形だけのものとなることがある。

　同居親（母親）が再婚後も実親（父）との親子の絆は絶たれるべきではないという欧米の考え方も、わが国でも強くなってきている。これにともない、子どもが義父と養子縁組後も、実親（父）との面会交流を続けるケースも増えている。現行日本の制度では、養子縁組を行えば、子どもは養父の親権に服することになり、養育費負担責任の中心は実父から養父に移ることになる。これらの点を含めて、養子縁組を行うかに関しては、総合的な検討が必要と思われる。

注1　例えば米国には、The American Academy of Matrimonial Lawyers という、家族法を専門とする弁護士の組織がある。

附　学生のコメントから

コメント１　「私は母子家庭の子どもの気持ち、よく、よく、よく、よく分かります。両親以外の家族や周りの環境が整っていたり、恵まれていたりしない限り、母子家庭の子どもは宙ぶらりんです。仮に生活していく財力が母親に十分あっても、やっぱり心は宙ぶらりんです。他の国ではサポートする制度があるところもあるんですね……。日本では離婚というものがあまり認められるものではないということを表しているのでしょうか？福祉的なサポートがしっかり行われるべき問題だと思います。子どもは親権についての話し合いにさえ参加しないことが多いだろうし、離婚は当事者２人の問題となってしまい、子どもはとりあえず、変化した環境の中で生きていくしかありません。」

コメント２　「私も親の離婚を経験し、とてもさみしい思いをしました。小学生の頃に離婚して、名字もかわり、学校のみんなから「何で？」って質問攻めにあったり、教科書に書いてあった名前を全て修正ペンで消し、書き直して学校に持っていってました。その時は嫌だなと思う気持ちがあっても親には言えなかったし、誰にも相談せずに我慢するしかないと思っていました。結局、私たちはお母さんの希望で引っ越すことになりました。今考えると母もまわりの目をずいぶん気にしていたのかな？　と思います。片親となった家庭を支援する制度はありますが、子供に関する支援を私はあまり耳にしたことがありません。」

コメント３　「面会交流支援センターについての話がありましたが、日本にはまだ普及がみられないのはすごく残念なことだと思いました。私自身も、父親とはなかなか会えず、会ったとしても込み入った話ができないというのが現状です。もちろんうまくいかないのは、面会交流センターが身近にないからというばかりではなく当人同士が一番の原因とは思います。

しかしこのようなニードを持った親子は多いと思うので、是非日本でも、もっともっと増えていってほしいなと思いました。」

コメント4 「自分の気持を押し殺すのは負担が多く、更に傷つくことも考えられる。（中略）私の友達で親が離婚した人は何人もいるが、現在でも年に数回は別れた父親と会っている子は、母親の話も父親の話も普通に話すし、どちらの親とも親戚とも仲が良いようだ。しかし、別れた親と会っていない子はその親の話を全くしない子しかいない。友達と関わる時まで気を使ったり悩んだりするような部分があるほど、別れた親との交流には力があると考える。身の危険がある場合は対策も必要とするが、別れた親子の交流を促進する支援が求められている。」

※筆者の講義を聞いてくれた学生からの、コメントの一部を引用させてもらった。親の離婚と向き合っている学生の、生々しいコメントは、本書が取扱っている課題への理解を促してくれると確信している。

附章　精神障害者の離婚について

はじめに

　精神障害にかかった場合、治療に長期の入院を要することが多い。このため既婚者の場合には夫婦関係上のさまざまな問題が起こる。なかには悲劇的に離婚という夫婦関係の解消へと進むことも少なくない。
　精神障害者の夫婦関係について、病因的立場や治療的立場よりいかなる夫婦関係の場合にどのような精神障害が発生しやすいか等についての研究は、これまでアッカーマンその他の研究者によって数多く発表されている。けれども、配偶者の1人が精神障害になってからの夫婦関係についての研究は非常に少ない。離婚という問題は、特に既婚の精神障害者にとっては大変な問題であり、また、未婚の精神障害者にとっても極めて関心のある問題であろう。精神科病院の医師、ＰＳＷ(Psychiatric Social Workerの略、直訳すれば精神科ソーシャルワーカー)、看護婦（者）にとっても、患者に夫婦関係上の問題が起こり相談を受けたりしたとき、いかに対処したらよいかについての決定的な見解はないようである。
　このような精神障害者の夫婦関係上の問題特に離婚について、ＰＳＷとして若干の臨床経験があり、現在家庭裁判所調査官として離婚の調停等に関与している者として、精神障害者の離婚の現況とその問題点ならびにそれらに対する私見を述べてみたい。
　その順序としては、最初に離婚の法制度について概説的に述べ、ついで従来の研究により精神障害者の夫婦関係について明らかになったことについて集約紹介し、ついで家庭裁判所に精神障害のある当事者の夫婦関係の

調停が申立てられた場合にいかに取扱われどのような問題があるのかを分析し、最後に全体的な私見を述べてみたい。

分析の対象を明確にするため本稿で用いる「精神障害者」という概念を明らかにすると、精神衛生法にいう精神障害者、すなわち精神病者（中毒性精神病者を含む）、精神薄弱者および精神病質者とは異り、精神科医療を中心とした概念として用いる。すなわち、過去において精神科医療を受けたことがある者、現在精神科医療を受けている者、および精神科医療を受ける必要のあると思われる者よりなる。このため軽度の神経症でも、精神障害者と表現している。過去において精神科医療を受けたことがある者を含めたのは、現在健康でも、かつて精神科医療を受けたことがあるということが、何か家裁の調停に影響していないかを検討したいためである。

第一節　離婚の法制度

離婚には四つの方法が法律上ある。最も一般的なのは協議離婚であり、夫婦の協議によって離婚の合意ができれば離婚届を市町村役場に届出ることによって成立するものであり、我国の離婚のほぼ90％を占めている。

協議離婚についで多いのは調停離婚であり、全離婚の約9％を占めている。調停離婚は離婚したいと思う者が家庭裁判所に調停の申立をなし、調停で離婚の合意ができ、調停委員会が相当と認めたときに離婚となるものである。

家庭裁判所の調停で話合いを続けても、いつまでも平行線をたどり離婚の合意ができないときに、家庭裁判所が職権で離婚の審判をなす審判離婚といわれる制度もある。しかし当事者の異議申立があれば審判の効力が失われるため、審判離婚のケースは極めて少なく、一年間に全国でわずか40件位で、離婚総数の0.1％にも満たない極めてまれなものである。

家庭裁判所の調停で離婚の合意ができず、調停不成立となったとき、および特別な事由があるときには、地方裁判所に離婚の訴訟を起こすことが

でき、判決で認められると離婚になるのが裁判離婚である。裁判離婚も離婚総数の1％にも満たないものであり、極めて少ない（裁判離婚は、新人事訴訟法の制定により、2004年4月より家裁の管轄事項となっている）。

　以上のように、日本の離婚の大部分は協議離婚であり、それについで調停離婚がある程度の率を占めているが、審判離婚や裁判離婚は制度こそあっても限られている。ただ民法第七七〇条において、裁判離婚の訴訟を起こす要件の一つとして、「配偶者が強度の精神病にかかり、回復の見込みがないとき」という規定があるため、裁判離婚は精神障害者の離婚にも用いられることがあるので注意を要する。

第二節　従来の研究の検討

　これまでの研究によって、精神障害者の夫婦関係、特に離婚について明らかになったことを集約し、残されている研究課題について言及してみよう。

　筆者の入手した範囲で精神障害者の離婚問題の研究に最初に着手したのは、前福岡県精神衛生センター所長の伊藤篤である。データとしてはやや古いが一番完全なデータであるのであげる。伊藤篤が昭和31年筑紫保養院（現福岡県立精神医療センター太宰府病院）院長時代の入院患者の総数の統計が表1である。このように、婚姻経験を有する者でも破綻している割合が圧倒的に高い。

　表2は女子患者のうち、発病後離婚になったケースだけを取り上げているが、離婚形式としては協議離婚がほとんどであり、離婚条件としては無条件が圧倒的に多い。また離婚のさい本人の承諾を求めたかについては、本人の承諾を求めたものが11ケースであり、否が17ケースであり、本人の承諾を得ずに勝手に離婚となったものが多いと指摘している。

　桜井久子は、長野県北信総合病院神経科の昭和42年4月現在での全入院患者152名の調査を行い、その結果を発表している。それによると、全入

表1　筑紫保養院入院患者の婚姻状況

		女子患者		男子患者	
		実数	%	実数	%
離婚	発病前	4	2.3	5	2.1
	発病後	28	16.4	19	8.2
婚姻中	発病後夫の失踪	3	1.7	0	0
	離婚手続中	2	1.3	40	17.0
	別居（夫に内縁妻子）	4	2.3	0	0
	継続	19	11.1	0	0
寡婦（夫）		25	14.6	8	3.4
（小　計）		(85)	(49.7)	(72)	(30.7)
未　婚		86	50.2	162	69.2
通　計		171	100.0	234	100.0

表2−1　離婚形式
（筑紫保養院女子）

内　訳	実数
協議離婚	24
調停離婚	1
裁判離婚	1
不　明	2

表2−2　離婚条件
（筑紫保養院女子）

内　訳	実数
無条件	12
慰謝料	2
療養費負担	1
療養費負担＋慰謝料	1
不　明	12

院患者のうち結婚しているもの、結婚したことがあるものは46名で、その中で離婚の経験のあるものは16名あった。なお戸籍上は婚姻の形をとっ

ていても夫が患者を嫌い行方不明となっているもの1例、内縁の妻と同居が2例でそれを含むと47％のものは結婚生活の破綻を来していることになると指摘している。また、結婚後3年以内に入院治療したもの24名について調べた結果、離婚した者は14名、事実上離婚しているとみなされるもの（夫が内縁の妻と同居）が2名、現在離婚の話が進行中のもの1名あり、結婚生活を続けているのはわずか7名のみであると指摘し、婚姻継続年数の多いほど、離婚する場合が少なくなっていることを指摘している。

　野々山久也は、昭和45年6月20日現在の大阪府下のある病院の入院患者の実態を調査している。それによると、男子30歳以上、女子26歳以上の入院患者の婚姻状況を示したのが表3であるが、未婚者が多く、特に精神分裂病において男子に未婚者が多い。また、精神分裂病を含めた既婚者の内訳を示したのが表4である。同表における失敗傾向とは、すでに離婚している者、配偶者に遺棄され配偶者の行方不明の者、現在離婚問題が生じており、配偶者との間にトラブルを起こしている者、および死別などの既婚者の群である。これからわかるように、失敗傾向の者が多く、特に女

表3　大阪府下某精神病院の入院患者の婚姻状況（野々山久也）

	全体		精神分裂病患者	
性別	男（N = 181）	女（N = 224）	男（N = 137）	女（N = 165）
未婚	67.1%	43.3%	77.6%	46.2%
既婚	32.0%	55.4%	22.4%	52.0%
不明	0.9%	1.3%	0 %	1.8%

表4　大阪府下某精神病院入院患者のうち既婚者の内訳

	男（N = 58）	女（N = 124）
順調	36.5%	16.3%
失敗傾向	63.5%	83.7%

子に失敗傾向の者が多いことを指摘している。

　鮫島文孝および筆者が、昭和45年4月1日現在で福岡県下のA、B病院で男子30歳以上、女子26歳以上の入院患者の全数調査の結果の一部が表

表5　福岡県下A、B病院の入院患者の婚姻状況

	A病院			B病院		
	男	女	合計	男	女	合計
未　婚	25	19	44	13	36	49
既　婚	12	11	23	11	13	24
寡婦（夫）	2	3	5	0	0	0
離　婚	0	5	5	2	4	6
不　明	2	1	3	0	4	4
合　計	41人	39人	80人	26人	57人	83人

5である。このうち、離婚はすべて協議離婚である。婚姻継続年数や、入院期間との関連については、離婚例が少ないので省略する。この表においても、未婚者の割合は多いが、離婚者の割合は先にあげた調査より少ない。

　以上よりいいうることは、各病院によって異なる面が大きいが、未婚者が多いことは共通的である。婚姻経験のある者の中では離婚率は各病院で異なり、筆者たちが調査した病院は措置入院患者をいっさいとらず、また医療保護患者の割合も低く、発病後日数のあまりたっていない患者が多いという、日本では特殊な例に属する病院のため離婚率が低いのではないかとも考えられるが、詳細はわからない。筆者たちの調査した病院の例を除けば、いずれも離婚率も高く、また実質的に夫婦関係が破綻していることが多い。

　離婚形式については、桜井久子、野々山久也はふれていないが、伊藤篤および筆者たちの調査によれば協議離婚が圧倒的である。伊藤篤によれば、協議離婚とはいっても、実質上協議のない追い出し離婚が多く、条件も極

めて悪いことが示されているが、他の調査研究においてはふれられておらず最近の傾向は不明である。

入院回数、入院期間および婚姻継続年数と離婚との関連については、桜井久子が若干の指摘をしているが、不明なことが多い。

第三節　家裁の調停

前節において、精神病院入院患者の夫婦関係上の問題について検討してみたが、本章においては、当事者が精神障害者である夫婦関係事件の家裁における調停の現状とその問題点についてふれてみよう。

夫婦関係の調停といっても、申立人のニードは内容的には種々さまざまで、離婚を求めているもの、円満調整を求めているもの、別居し（同居しているケースもあるが）生活費を渡してほしいと求めているもの等さまざまである。

これらの夫婦関係調停事件は最終的には調停が開かれるわけであるが、各裁判所はそれぞれ取り扱いに工夫をこらし、各裁判所によって取り扱いの方法は異る。調停の申立ての受理時に受理面接を行い、ケースの内容によって取り扱いをふるいわけている裁判所や、全ケースについて調査官による調停前の事前面接が行われている裁判所や、調停に調査官が立会したり、あるいは調停前や調停の途中に長期にわたって調査官が当事者に面接をかさねてカウンセリング活動を行ったりしている裁判所もある。また、各家裁には医師である技官（精神科医であることが多い）もおり、ケースの処理の上で必要に応じて診察したり、治療をしている。

以上のように裁判所ごとに調停事件の取り扱いは異なるのであるが、昭和46年中に大阪家裁に係属した夫婦関係調停事件のうち精神障害者のケースを選び、事件記録を調査したので報告する。

昭和46年中に大阪家裁に係属した調停申立による夫婦関係事件は2526件で、その内訳を示したのが、表6である。この中で、723件の受理面接票

表6　大阪家裁夫婦関係事件の内訳

	受理面接を経た事件	受理面接を経ない事件	合計
夫婦関係	656	1,335	1,991
内縁関係、男女関係	38	190	228
慰謝料	1	135	126
同居協力扶助	3	27	30
婚姻費用分担	25	116	141
合　計	723	1,803	2,526

から、申立人ないし相手方が精神科病院に入院中、受診中、入院歴、受診歴を有する者および精神障害が強く疑われるもの計58ケースを抽出し、事件記録を閲覧し検討してみた。その結果、精神障害と思われないもの1件を除き、残りの57件を分析してみた。これは受理面接を経た事件の7％強にあたる。

　分析対象の57件中2件の内縁関係解消事件を除けば、すべて夫婦関係調整事件（離婚を含む）である。その内訳を示しているのが、表7である。

　アルコール中毒とその他の精神科的疾患と分類した理由としては、本来は診断名ごとに分類してそれぞれのパターンを研究すべきであろうが、現在対象としているケースには調査官による調査がなされていないケースが多数あり、診断書が提出されているケースは少なく、診断名を推測することは危険性が高いので、診断名ごとに分類する作業は断念した。それにかえて、入院歴を有するか否かを副次的な基準として分類した。これは、日本の社会においては診断名はいざ知らず、精神病院に入院している、または過去に入院したことがあるということは決定的な意味を持っていると考えられるためである。ただ、アルコール中毒に関しては日本の社会が飲酒に寛大であるためか、明確に識別しえたので分類した。

　このため、その他の精神科的疾患の中には精神分裂病、躁うつ病、てんかん、非定型精神病、ボーダーライン、祈禱性精神病、神経症、薬物中毒

表7　受理面接票にもとづく分類（大阪家裁）

疾病種別	受診状況		精神障害者 申立人	精神障害者 相手方	合計
アルコール中毒	申立時入院中		0	3	3
	入院歴（+）		0	6	6
	受診歴（+）		0	1	1
	小　計		0	10	10
その他の精神科的疾患	申立時入院中		0	4	4
	申立後入院		1	3	4
	受診中	入院歴（+）	1	3	4
		入院歴（−）	4	3	7
	現在受診していず	申立後受診	1	0	1
		入院歴（+）	3	8	11
		受診歴（+）	5	5	10
		受診歴（−）	2	4	6
	合　計		17	40	57

および診断不明の精神科疾患が混在している。この中で申立時入院中の4件のうち2件、申立後入院の4件とも精神分裂病である。この他外来受診中のもの、現在受診していないものにも精神分裂病が多い。その次に多いのは神経症である。

　表7において、アルコール中毒で入院歴（+）の者は、申立時に入院こそしていないもののアルコール中毒傾向は全ケースに見られる。また、その他の精神科的疾患のうち、現在受診していない中には治癒ないし寛解状

附章　精神障害者の離婚について　145

態の者も含まれるが、むしろ申立時以降においても何らかの形で症状の残っている者が多い。

表7において、現在受診していず、受診歴（－）は、受診歴を有するか否か、現在受診しているか否か不明を含む。具体的には、精神安定剤服用中、本人自身が不眠でノイローゼといって睡眠剤の常用者、ヒロポン等の覚醒剤常用者等のやや特殊なケースが多い。

これらのケースの発病時期に関しては、アルコール中毒のケースにおいて同居以前に飲酒傾向があったというのがあるのを除けば、残りは同居後に発病したようになっているが、発病時期は不明である。ただ、実際にはこれらのケースに発病後に同居、婚姻したケースが混じっている可能性は十分あるが確認できなかった。

申立人の男女別は、男14件、女43件である。アルコール中毒の申立人はすべて女であるから、その他の精神科疾患では申立人の3分の2が女、3分の1が男である。

申立の趣旨、すなわち離婚を求めているのか円満調整を求めているのかでは、離婚を求めるもの42件、内縁関係の解消を求めるもの2件、円満調整を求めるもの13件である。

精神障害者が申立人か相手方かに関しては、表7のごとく、申立人が精神障害者なのが17件、相手方が精神障害者なのが40件、双方とも精神障害者のケースは見出せなかった。申立人が精神障害者の17ケースの申立人の内訳は、女が15人、男が2人できわだって差がある。申立の趣旨をみれば、申立人が女の8ケースが円満調整、7ケースが離婚ないし内縁関係の解消である。男の場合は、離婚と円満調整がそれぞれ1である。

申立て理由について申立書および受理面接票から精神障害と関連がないのを除き、多いものから記していく。

A、アルコール中毒の場合
（1）飲酒癖、（2）飲酒の上家族等に暴力をふるう、（3）勤労意欲がな

い、（4）子どもが相手方を嫌がる、（5）何回入院しても治らない、である。特に、（1）と（2）が多い。

　B、その他の精神科疾患の場合

　イ、相手方が精神障害の場合

（イ）夫が精神障害の場合

1．勤労意欲がない、2．収入がない、3．入退院を繰り返しても治らない、4．治療費をこれ以上負担できない、5．精神的虐待、である。このうち、1と2は実質上同一のものであり、ほとんどのケースに見られる。

（ロ）妻が精神障害者の場合

1．家事をしない、2．浪費する、3．子どもをほったらかしにする、の順である。

　ロ．申立人が精神障害者の場合

　申立人が夫の場合は2例しかないが、2例とも妄想に支配され、申立の理由が了解できないものである。妻の場合を記すと、申立と精神障害との関連は直接的には薄いことが多く、主に夫の女性関係に関する問題が多い。

　申立人、相手方を区別せずに男女の平均年齢は男39.5歳、女37.2歳である。夫婦間の子どもの数は、なしが5ケース、1人が12ケース、2人が21ケース、3人が15ケース、4人以上が2ケースである。

　申立の趣旨が離婚で相手方が入院歴を有しているケースのうち、初回入院より申立までの期間を示したのが表8である。

　これらのケースの終局結果（昭和47年8月17日現在）は、表9に示している。参考につけた、昭和46年中に既済となった大阪家裁本庁および全家庭裁判所の集計結果と比較すれば、筆者の調査には進行中のケースも含まれており、ケース数も少ないので多くは語れないが、全体としては調停成立による離婚が少ないのを除けば、特に差異はない。ただ、アルコール中毒に取り下げが多く、調停成立による離婚がないのが目立つ。

　このうち、取下げ理由の内訳を示したものが、表10である。この表で、解決せずのうち1件だけは相手方が入院中で調停に出頭できないためであ

表8　初回入院より調停申立までの期間

	アル中	その他の精神科的疾患	合計
1年未満	4	2	6
2年未満	0	2	2
3年未満	0	4	4
4年未満	0	1	1
5年未満	0	1	1
5年以上	3	3	6
不　明	2	1	3
合　計	9	14	23

表9　終局結果

		アル中	その他の精神科的疾患	合計	大阪家裁本庁(％)	全国家裁(％)
調停成立	離　婚	0	9	9	27.6	29.9
	別　居	0	2	2	6.6	4.5
	円満解決	0	3	3	6.2	4.8
小　計		0	14	14	43.6	40.7
不成立		1	4	5	12.2	11.1
取り下げ		8	21	29	41.4	45.1
調停をしない		0	3	3	2.5	2.5
進行中		1	5	6		
進行中		10	47	57	(N=2,072)	

表10 取下げ理由

取下げ理由	アル中	その他の精神科的疾患	合計	大阪家裁本庁（％）
円満になったため	3	5	8	28.3
協議離婚（するというを含む）	2	2	4	15.6
解決せず	1	2	3	9.0
もう少し考えてみる	2	3	5	―
実質上解決	0	2	2	―
不　明	0	7	7	42.0
合　計	8	21	29	（N = 858）

る。参考につけた大阪家裁本庁の取下げ理由と差異はみられない。

分析の対象とした57ケースのうち、離婚の調停が成立したものおよび内縁関係解消事件を除いて、昭和47年12月末までに協議離婚届が出されているかを見るため、戸籍謄本の取り寄せを行った。それによって知りえたデータを入院歴のありなしで示したのが、表11である。なお入院歴（＋）には申立後の入院を含む。本表では、進行中ケース、申立後相手方が死亡（自殺）したケースは除いてある。分析対象が少ないので厳密には言えないが、明らかに入院歴を有する者に離婚が多い。協議離婚届が出されていないものについて、別居しているか同居しているかについて調査したかったが、

表11 協議離婚届の提出状況

	調停で離婚になったもの	協議離婚になったもの	戸籍上離婚になっていない	不明	合計
入院歴（＋）	7	6	13	1	27
入院歴（－）	2	3	15	1	21
合　計	9	9	28	2	48

人権上の問題があり実施しなかった。

これらのケースの終局までの期間を示したのが、表12である。アルコール中毒とその他の精神科的疾患に差はみられない。参考につけた大阪家裁管内の婚姻関係事件の終局までの期間と大きな差異はみられない。

表12　調停事件の終局までの期間

	アル中	その他の精神科的疾患	合計	大阪家裁管内（%）
1月未満	2	9	11	18.1
3月未満	1	16	17	35.9
6月未満	3	8	11	27.9
9月未満	1	5	6	9.1
1年未満	1	4	5	4.1
1年を超える	1	0	1	4.8
進行中	1	5	6	
合　計	10	47	57	（N = 2,463）

これらのケースの調停が実際に開かれた回数を示したのが、表13である。調停が一度も開かれなかったのが25ケースあり、参考につけた大阪家裁管内の婚姻関係事件の調停回数と比較して、顕著な特色といいうる。

これらのケースに対しての調査官および技官の活動を見ていこう。調査官活動の内訳を示したのが表14である。合計が64とケース数より多いのは、例えば、調停前活動をして調停立会をする等の複数の調査官活動があるためである。表15は、技官の活動を示している。

調査官が受理面接において、調査官による調停前の活動が必要と認めた理由を受理面接票から整理してみると以下のようになる。

　A．申立人自身に疑問を感じた場合
　イ．面接時の印象では治療を要する精神状態の疑いがある。調査をし、

表13 調停開催回数

調停回数	アル中	その他の精神科的疾患	合計	大阪家裁管内（%）
0回	8	17	25	14.6
1～2回	1	8	9	23.8
3～4回	0	8	8	23.7
5～6回	0	1	1	16.2
7～8回	0	4	4	9.7
7～8回	0	4	4	12.1
進行中	1	5	6	
合　計	10	47	57	（N＝2,463）

表14 調査官活動

	アル中	その他の精神科的疾患	合計
調停前活動	6	23	29
調停立会	0	5	5
調停を経て調査官へ	1	5	6
調査官関与なし	1	16	17
申立後すぐ取下のため実際にできなかったもの	2	5	7
合　計	10	54	64

必要があれば技官の指導をえて医療のラインに乗せることも考えられる。

　ロ．病的とはいえないが情緒的に混乱しており、問題をどう解決していっていいのか十分わかっていないようだ。調停をただちに開いても混乱する可能性が高い。このため導入調整活動をして、申立の趣旨、理由の明確化をしていく必要がある。

表15　技官活動

調停回数	アル中	その他の精神科的疾患	合計
調査段階	0	4	4
調停段階	0	9	9
合　計	0	13	13

B．相手方に疑問を感じた場合

イ．調停能力ありや否やの調査を要する。

ロ．調停能力ありとしても、相手方の病気の診断と理解を得ておかなければ、調停を開いても混乱する可能性が高いので調査を要する。

ハ．入院中の場合、家裁に出頭できるか、また、病院が治療上の立場から家裁の調停に出頭を許すかの調査を要する。

ニ．入院中でない場合も、調停に出頭することが病状に悪影響をおよぼさないかの調査を要する。

ホ．調停に出頭してくるかどうかに疑問が持たれる。このため調査をなし、場合によっては導入調整活動の必要が考えられる（特にアルコール中毒の場合に多い）。

ヘ．受診中でない場合。治療を要する精神状態が疑われる。調査をし、必要があれば技官の指導をえて医療のラインに乗せる必要も考えられる。

表14に示した調査官による調停前活動というのは、このような広範囲な活動が含まれているわけである。

また、調停開始後においては、表14に示したように、調停に立会したり、調停から引き継いだ形の長期的なカウンセリングがみられる。

なお、調査官が入院先の病院に出張調査し担当医師に調査したり、あるいは技官が調停に立会等して診断したところでは、最終的に調停能力そのものに疑問がもたれたケースは見当たらなかった。

考　察

　いままで、筆者の調査した大阪家裁における夫婦関係調停事件の実態を分析してきたが、これは大阪家裁という比較的スタッフに恵まれた裁判所での実態であり、家裁の調停として一般化することは危険である。この大阪家裁の調査と先に述べた精神病院における離婚を中心とする夫婦関係の実態の二つを重ねあわせて若干の考察を行ってみよう。

　精神病院入院中の既婚者の多くは、夫婦関係上失敗傾向をみせており、離婚となっている者も多い。入院中の患者の離婚形式としては協議離婚が圧倒的であるが、家裁の調停においても精神障害者を当事者とする夫婦関係事件は筆者の調査によれば７％はあり、意外と多い。このことは必ずしも矛盾しない。その理由としては、家裁の調停を利用する精神障害者が、現に入院中でない等の軽症の者が比較的多く、重症の者が少ないためではないかと考えられる。

　しかし、現に入院中である等の重症者のケースは家裁の調停で取扱えないわけではない。前章で見たように、調停によって現に精神分裂病等によって入院中のケースについても取扱っており、何らかの解決に至っている例もみられる。重症者の場合の最大の問題点は、調停能力の問題と治療上の必要のため裁判所に出頭させることができないという問題ではなかろうか。この点については、筆者の調査した大阪家裁のケースにおいては、調停能力そのものがないから調停ができなかったという例は見いだせなかった。これは分析の対象としたケース数が少なかったため、偶然調停能力のない当事者のケースがなかったとも考えられる。確かに精神分裂病等においては、入院初期の症状の激しい動きを見せる時期には、調停能力に疑問が持たれる患者の多いことは十分理解できる。しかし入院して一定期間経過して、ある程度症状の落着きを見せた段階では調停能力は回復することが多く、病院側の協力と家裁のスタッフ、特に調査官や技官の適切な活動

があれば、多くの場合調停で十分取扱いうると考えられる。また、調停は必ずしも家庭裁判所の中で行わなければいけないということはない。現地調停といって裁判所外で調停を開くことも認められている。このため治療上の必要のため、裁判所に出頭させることは病院としては許可できないが、調停能力はあるといった場合は、病院内で調停を開くことも可能である。

　家裁の調停を利用したからといって、精神障害者のケースのすべてについて、何らかの積極的解決にいたるわけではない。筆者が調査した大阪家裁のケースにおいても、調停で解決されずに調停不成立や取下げとなった割合も少なくない。さらには、家裁の調停を利用しながらも結局は協議離婚となったケースも無視できない。これらの問題は、家裁側のスタッフの不十分さと、精神障害者に対する理解がたりないこと、および、問題そのものの持つ複雑さによる面もあると思われるが、さらに研究すべき課題であろう。

　入院患者に離婚の問題が起こったとき、入院中は治療が第一であり、離婚の問題等は病気がよくなり退院した段階で考えるようにと、入院患者の配偶者に指導している病院も多いことと思われる。このような指導は、それ自身としては決して誤ったものではない。だが、このような指導に従わず、配偶者が長期の入院をしたということで生活そのものに疲れてしまったり、あるいは、配偶者が精神病院に入ったということで世間体を気にしたりして強引に、勝手に実際上当事者が協議をせずに、親族その他の人が話し合って離婚を決めたり、一方の配偶者が勝手に離婚届を出すといった例もみられる。このことは、精神障害者の人権無視であり、極めて重大な問題である。病院側としてはある段階までは、配偶者に対して治療が第一であり、病気がよくなり退院してから離婚のことは考えるようにと指導することは適切と思われるが、そのような指導では対処できなくなった段階では、家庭裁判所の調停の利用も検討する必要があろう。

　前節で見たように、家裁としても色々創意工夫をして真の解決をめざして努力しているが、家裁の調停を利用したからといってすべてのケースが

解決するわけではない。場合によっては、解決までに相当の時間がかかることも考えられる。だが、解決に少々の時間がかかろうと、ある程度の精神的動揺が起ころうとも、精神障害者が真に納得のいくまでの手間と時間をかける努力こそが必要ではなかろうか。結局は離婚となったとしても、不満を残したまま別れるのではなく、より理解し納得しあった上で離婚へと進んだ場合、精神障害者が人生の再出発をなす時、大きな治療的意味すらあるのではなかろうか。

調停が開始されてからの問題としては、精神障害者の中でもなかんずく精神分裂病の不完全寛解の人には、調停能力はありながら、特に公式の場では積極的に発言するのを面倒くさがり、流れにまかせてどうにでもなれという気持を呈する人が多い。調停において積極的に発言しなければ、発言の多い者の意向どおりに決まる可能性が高い。この点問題である。このためケースによっては、当事者に調停能力があってもその人を調停で支えるような人が、裁判所の職員の他に必要ではないかと考えられる。このような役割を担う者としては、精神障害者の親族も考えられるが、本人の病気の特徴をよくつかみ、本人の気持のよくわかる本人の入院している（いた）病院の担当医師、ＰＳＷ、看護婦（者）等が考えられる。こういう人の援助、支持があって、はじめて対等に調停が進められるのであり、こういう人のサポートのないときには実質上において、調停の当事者としての適格性を欠くことがありうるのではないかと考えられる。この点は法律上問題があるが、病院側からも十分検討の余地のある問題であろう。

精神障害者の離婚の問題は、不貞や悪意の遺棄を理由とする離婚の問題等と異なり、善玉、悪玉の区別がなく、お互いに被害者的要素が強く、複雑な問題を呈することが多い。このため解決には未知の要素が多い。今後ともケースを積み重ねて検討していきたい。

参考文献
1. 太田武男編『現代の離婚問題』（有斐閣、昭和45年）。

2. 坂本昭三「精神医学から見た家事事件と調停」(『ケース研究』107号、昭和43年)。
3. 坂本昭三「家庭裁判所における医務室の役割について」(『家庭裁判月報』22巻10号、昭和45年)。
4. 桜井久子「精神障害者の離婚の問題」(『精神医学ソーシャルワーク』3巻2号、昭和43年)。
5. 中村好子「離婚と精神衛生」(『保健の科学』5月号、昭和47年)。
6. 野々山久也「精神障害者の社会復帰についての一考察―家族と結婚に関する若干の調査報告―」(『桃山学院大学産業貿易研究所報』6号、昭和47年)。
7. 畑下一男『離婚の社会精神病理学的研究』(家庭裁判所調査官実務研究報告書4号、昭和30年)。

本稿の初出:『ふくおか精神衛生』第19号(福岡県精神衛生協会、1974年3月)。
本稿は、当時の法制度をもとに記しているので、現在では適用されない制度も含まれている。疾病名、診断名も当時のものであり、現代では差別的と評価されるものも含まれているが、初出時の表現にとどめている。なお、本書所収にあたり一部変更した部分がある。

むすびにかえて

宮﨑昭夫

有名な漢詩の一つに以下のものがある。

　少年老い易く学成り難し
　一寸の光陰軽んずべからず
　未だ覚めず池塘 春草の夢
　　　　　　ちとうしゅんそう
　階前の梧葉已に秋声
　　　　ごようすで

　この詩は、目下の私の心境を見事に示している。私は、いつまでも若いつもりで、時がくれば勉強すれば良いと考えて、本格的な学びを避けて生きてきたように思う。

　家事調停委員として関わった離婚に関して、いつかは一書を記してみたいと思いながら、日延べを重ねてきた。古希を過ぎ、残された時間が少ないことを自覚して本書に取りかかった。不勉強がたたって蓄積がたりず、本書の到達できた地点はあまりに低く、公開することをはばかられる水準のものしか書けなかった。パソコンに向かいながら、これ以上の時間をかけても、完成度を高めることには無理があることを知らされた。出版すべきか、やめるべきか、自問自答する日を過ごしたが、この領域に関心を有する方々に、何らかの実務上・研究上のヒントを万に一つでも提供できる可能性を信じて、刊行することにした。

　本書で取り上げたいと思いながら、取り上げることが出来なかったテーマの一つに家事事件手続法がある。敗戦直後の米軍占領下の昭和22

(1947) 年に制定された家事審判法が、60余年の期間を経て平成23 (2011) 年に家事事件手続法として全面改正された。筆者が管見した範囲の法律雑誌では、法改正にともない家事事件は今後はこのように取扱うのだという実務的解説が中心であった。

調停委員の中には、家事事件手続法を家庭裁判所の地方裁判所化と批判する意見もあったが、調停委員としての意見表明は許されていないこともあってか、調停委員の批判的意見を活字で読むことはなかった。筆者が読んだ法律雑誌では、家事事件手続法に関しては、諸外国で導入されている子どもの代理人制度が実現しなかったことの問題を指摘する論文はあっても、基本的なトーンとしては新法歓迎であった。特に、当事者の手続的権利の拡充等は、評価されているように思われる。家事審判法の全面改正が歓迎すべきことであるなら、米軍占領下の立法である家事審判法が、何故60年余も放置され改正されなかったのかを、社会科学的に分析した研究が重要になると思われるが、そのような論文には出会えなかった。法改正という重要な事象は、どのような要因（変数）によっているのかの分析は社会科学にとって極めて重要な研究課題であると思われるが、そのような研究はないのであろうか。

家事事件手続法に関する、比較法的研究にも出会えなかった。世界の殆どの国には、離婚等の家族紛争を取り扱う裁判所があり、そこで適用される手続きに関する法律がある。世界の国々での家族紛争を取り扱う手続法の類型化を行い、60年余の期間を経て改正された我が国の家事事件手続法が、国際的な類型化の中でどういう位置を占め、他の先進諸国の立法との類似点と差異点を明らかにする研究が重要と思われるが、そのような研究には出会えなかった。この点に関して、いくつかの課題を示してみよう。

国際交流が盛んになり、地球が狭くなるにつれ、外国人との結婚とそれにともなう離婚等が生じてきていることは、国際的に共通の課題と思われる。家事事件手続法では、外国人を当事者の一人とする渉外事件に関して、新たな取り組みがなかったと思われる。外国から日本に移住してきた人が、

日本語に不自由である場合の通訳等の支援策は何ら含まれていない。これは国際的な常識なのだろうか。裁判所法第74条では「裁判所では、日本語を用いる」があり、民事訴訟法での通訳に関する規定が用いられるが、家事事件で通訳者の費用を負担できない人を守る仕組みがない異常さは、放置されてよいのであろうか。

　家事事件手続法の制定は、善意の調停委員の語学力に頼る旧来のやり方を改善する大きな機会であったと思われるが、この取り組みはなかった。このため、離婚等の家事調停で当事者に合意ができた場合、調停委員が調停条項案を当事者に文字にして示すことはあるが、外国語に翻訳された調停条項案が示されることはまずない。調停成立にあたって、日本人当事者と同様に外国人当事者に対しても、裁判官や書記官が調停条項案を日本語で読み、口頭確認をとることが行われている。このため、裁判官や書記官は調停条項案を日本語の文章で示すこともなく、まして当事者が母国語とする外国語の文章で示すことはない。当事者が了解したことの証拠となる、調停条項案への署名や押印を求めることもない。日本人でも法的訓練を受けたことがない人にとっては、調停条項案の口頭確認方式は理解しにくく、当事者の手続き的権利を守りにくい。通訳者も支援者もいない状況で、裁判官や書記官が日本語でのみ調停条項案を読み上げる方式は、日本語に習熟していない外国人の当事者にとっては、殆ど理解できておらず、当事者の重要な権利を守ることができない状況が続いていると思われる。

　さらに、日本の裁判所には家事事件手続法下においても、セルフヘルプ・センターがない。大きな裁判所には資料室はあっても、裁判所の職員等への資料情報提供であって、裁判所の利用者へのサービスではない。米国等の家庭裁判所にはセルフヘルプ・センターがあり、裁判所利用者への豊富な情報提供が行われており、英語を母国語としない人へのサービスも提供されている。

　日本の家裁は日本人向けの情報提供ですら、形式的なものにとどまっている。最高裁はホームページでの外国語による情報提供に関しては、英語

のみ情報提供を行っているが、非常に限られた情報しか提供していない。離婚等の家事事件の申立書等の英語版もない。英語以外の外国語での情報提供サービスは全く存在しない。東京家裁や福岡家裁などの個別の裁判所のホームページでは、Englishのバーは存在するが、独自の英語情報につながるようには設計されておらず、すぐに最高裁のホームページにつながるように設計されている。

　米国では例えば、カリフォルニア州裁判所事務総局のホームページでは、家事事件に関して英語とスペイン語での情報提供を行い、スペイン語での申立書の書式等も提供されている。本書第五章で取り上げたテネシー州裁判所事務総局のホームページでは、養育プランに関して英語で書式やＱ＆Ａ等の詳しい情報を提供しいるだけでなく、スペイン語、韓国語、ヴエトナム語による養育プランの書式を提供している。

　わが国でも、諸外国でも、家族紛争においては、ＤＶ（ドメスティック・バイオレンス）は大きな課題となってきているように思われる。ＤＶ防止法（配偶者からの暴力の防止及び被害者の保護に関する法律）を取扱う裁判所は地方裁判所であり、家事事件を取扱う裁判所は家庭裁判所である。家事事件手続法には、ＤＶに関する特別な規定はない。地方裁判所と家庭裁判所は縦割り的にバラバラに業務を行っており、ＤＶのある家事事件ケースに対し、地方裁判所との有機的な取組を求めることは行われていない。これは国際的な常識なのであろうか。

　ＤＶから関係者を守るとともに、誤ってＤＶの濡れ衣をかけられたり、でっち上げＤＶから関係者を守ることは、家事事件の取り扱いにおいて、極めて重要な課題であろう。米国等では第４章の２で記したように、子どもに対するＤＶの影響を測るスケールが面会交流の判断に活用されている。測定定結果は、面会交流を認めるか、面会交流を認める場合の条件等を決めるのに活用されている。これに対し、家事事件手続法には、ＤＶの程度や態様を評価する仕組は含まれておらず、ＤＶのレベルに応じた対応策も含まれていない。米国ではＤＶ被害者が裁判所に登庁するにあたって、希

望者には支援者が同道することが行われている。他の国々には、さらなる工夫はないのであろうか。

わが国の裁判所に障がい者が登場することも珍しくなくなってきている。家事事件手続法には、理解力に制限のある知的障がい者を支援したり、慣れない環境では適応障がいを起こしやすい精神障がい者等が、緊張のあまり示す興奮等の言動を示した時に支援する、仕組みについては何も定めていないが、これは世界の常識なのであろうか。

家事事件手続法では、子どもの意思の把握や子どもの意思の考慮に関して定めている。このため家裁では、家事審判法時代よりも直接子どもの意思を聞く機会が増えると思われる。意思を聞かれるために登庁してくる、子どものための待合室等の施設への配慮、工夫は見られるのであろうか。筆者の知る範囲では、家事事件手続法になっても子どものための設備面での新たな工夫・配慮は何らなく、無機質な裁判所に子どもがぽつんと置かれる状況から改善が見られない。親を当事者とする家事事件のために、意思や意見を聞かれるため裁判所に来る機会が、子どもにとって肯定的・積極的な体験となる工夫を、設備面を含めて裁判所は行うべきではなかろうか。

以上の他に第三章でふれた、①離婚当事者や離婚に巻き込まれる子どもへの、離婚に関係する情報の提供、②家裁調査官報告に対するセカンドオピニオンの取得など、家事事件手続法には検討すべき課題がかなりあるように思われる。

筆者の勉強が足りず、これらの課題に対する積極的な情報を提示できないことは、極めて残念であるが、このような課題があることを示しておきたい。

裁判官や弁護士などの日本の法曹関係者は、難易度の高い司法試験の合格者であり、基本的能力は非常に高い。しかし彼らは司法試験に合格した後、順調に成長する仕組みはあるのであろうか。筆者の知る限り、裁判官も弁護士も例外を除けば、裁判所法の「裁判所では、日本語を用いる」に

乗りかかり、外国語を学ぶ姿勢が極めて弱い。日本の司法制度では、外国語が出来てもメリットがないシステムが形成されている。従って司法関係者には、外国語を学ぶインセンティブが欠けた状態が続いてきた。

このため、日本の司法関係者はいわば鎖国状態にあり、外国の事情や海外での研究の進展に極めて疎い状態が続いている。このことを示しているのが、ハーグ条約（国際的な子の連れ去りの民事面に関する条約）に関する2009年以前の論文の少なさである。ハーグ条約に関する論文の大部分

ハーグ条約関連刊行論文数

2000年	1	2001年	1	2002年	2
2003年	0	2004年	1	2005年	0
2006年	0	2007年	0	2008年	0
2009年	0	2010年	8	2011年	25
2012年	1	2013年	30	2014年	12

表は国会図書館の雑誌記事索引のデータによった。2014年は5月28日までのデータである。

は、国会でハーグ条約が取り上げられることが分かってからのものである。[1]

棚瀬孝雄は「今、全世界で面会交流の深化、共同養育の奨励が進んできており、＜日本の常識＞が＜世界の非常識＞になりつつある」ことを指摘している。さらに棚村政行は「フランスの上院では、日本は経済的には非常に進んで先進国であるけど、家族の問題については戦前の明治時代から全然進んでないみたいだととても批判的でした。海外に行くと、日本と言うのは家族法についてはイスラムと同じではないかとよく言われます。やはりそれくらい先進国がある意味では共有している価値観や理念と法制度との乖離があるのです」（「渉外事件にみる親の離婚と子どもたち―調停への期待―」『調停時報』186号、2013年）と指摘している。わが国の家事司法に習熟している棚村の、日本の家族法はイスラムと同じではないかとの発言は非常に重要である。日本の家族法は先進国とはかなり異質であり、

先進諸国の価値観とは全く異なる原理から構成されており、日本独自の価値観にこだわりすぎていることの問題を指摘している。

　高度専門職といわれる領域に従事する者の多くは、外国語の専門雑誌の一つや二つは定期購読し、目を通すことは当たり前と思われる時代であるが、司法関係者にはこれは当てはまらない。現代のような変動の激しい時代に、家族法の本格的な改正に取り組んでいないのは、日本だけといっても過言ではない状態が続いており、わが国では家族法改正のスピード感が極めて遅い。これは、司法関係者のいわば鎖国状態を反映しているのではなかろうか。

　なお、わが国の司法関係者は鎖国状態にあると書いたが、国際化の進んだ現代においては、文字通りの鎖国ではないことは当然である。問題を提起した『絶望の裁判所』を書いた瀬木比呂志は裁判官時代に米国留学を行っているし、精力的に論文を書いている家裁調査官の小澤真嗣も米国留学の経験者である。このように裁判官や家裁調査官には、海外留学の制度もある。さらに国連アジア極東犯罪防止研修所の国際研修に参加する制度もある（松浦泰樹「国連アジア極東犯罪防止研修所第151回国際研修に参加して」『ケース研究』315号、2013年）。家事事件手続法の実施に当たっては、かなりの裁判官等が海外出張を行い、海外での家事事件の手続の実態にふれる研修を行っている。しかし、色々な制度はあっても、江戸時代の長崎程度の意味しかないと思われる。このため、現在の日本の司法は文字通りの鎖国ではないが、鎖国体質が根深いことを指摘したいために、鎖国状態と表現した。

　社会変動が激しい時代にあっては、法律も時代遅れになりがちである。このため外国では法改正をした場合、5年後等に「〇〇法の成果と課題」といった研究を組織的に行い、法を時代の状況に合わす工夫を重ねている国が多い[(2)]。多くの国での法律に関する組織的な研究の担い手は、政府、裁判所と大学である。わが国においても、家事事件手続法は制定後5年等を目途に、組織的に研究を行い、「家事事件手続法の成果と課題」を明らかに

し、次回の改正に生かす必要があるのではなかろうか。

　さらに我が国の問題は、家族研究の中でも、離婚に関連する諸問題への社会科学からの実証的研究が貧弱であることである。殆どの国は、離婚のためには裁判所を利用することが求められている。このため諸外国の裁判所には、離婚に関する基本的なデータが存在している。これに対してわが国では、裁判所を経由しない協議離婚制度が認められており、離婚の約9割を占める。現行の協議離婚制度では、形式的な届出ですむために、自動的に離婚に関する詳細なデータが蓄積される仕組みは存在しない。

　このためわが国においては、離婚を研究するためには、膨大なエネルギーと費用を使って、基礎的なデータを収集することから始めることが必要となり、研究を阻んでいる側面がある。実証的な離婚研究が貧弱なためもあってか、多くの日本の大学で家族心理学、家族社会学、家族福祉論等が講じられているにもかかわらず、これらの講義等では離婚に関して十分なウエイトが置かれていないように思われる。日本の離婚に関する実証的研究に基づいて、親の離婚を経験する子どもへの援助が、大学で豊かに論じられ、実践が高まっていく時代を将来的には期待したい。

　蛇足的に付け加えれば、現在ではわが国においても、殆どの大学やかなりの病院も、評価を受けている。学生には教授の授業評価なんかは出来ないと言われていた日々は過去のものとなり、大学では学生が教授の授業評価をするのは当然のことになっている。さらに大学の場合は、組織としての大学が大学評価学位授与機構などの外部の評価機関の評価を受けることは当たり前のことになっており、その結果は公開されている。病院の場合は、日本医療機能評価機構の病院評価事業を受けることがかなり行われている。日本では裁判官等に対する利用者からの評価も行われておらず、組織としての裁判所に対する外部評価も行われていない。裁判所は、評価の例外であってよいのであろうか。裁判所に対する外部評価は司法の独立を侵すことになるのであろうか？

本書は拙い書籍であるが、多くの関係者の友情やご支援がなければ、完成することもなかったと思われる。原稿を書きながら、学生時代の恩師、学生時代の仲間、先輩、同期や後輩の家裁調査官、数多くの教え子、大学のかつての同僚、FPICや家事調停委員の仲間等の顔を思い出しりした。その中で、多くの人に支えられていることを実感した。

　筆をおくにあたって、FPIC福岡ファミリー相談室の活動として、英書輪読会を開催することを認めていただいた関係者に感謝したい。さらに、一緒に学んだ福岡ファミリー相談室の英書輪読会のメンバーに、特に感謝の想いを伝えたい。月に1回の学びではあったが、英語圏での離婚に関する新しい情報に定期的に接することが出来たことは、筆者にとって大きな収穫であった。英語の文献を読む習慣を身に付けてからも、忙しさにかまけて、必要に応じて専門領域の雑誌論文を走り読みすることが殆どであった。輪読会のために、英書を最初から最後まで読み通すことを重ねることは、久しぶりの経験であった。

　英書輪読会の仲間であった元福岡家裁首席調査官の眞田壯士郎氏は、英語力に優れていただけではなく、その記憶力とユーモアにいつも感心させられていた。本年1月17日に天に召され、本書に関するコメントをいただけないことは誠に残念である。

　本書を草稿の段階で読んでくださり、出版を励ましてくださるとともに、数々の示唆をいただいた元福岡家庭裁判所所長で、福岡ファミリー相談室の元代表である湯地紘一郎氏に深く感謝申し上げたい。湯地氏とは、氏が判事補で、筆者が家庭裁判所調査官補として40年以上前に短い期間であったが、一緒に仕事をした仲である。湯地氏の、名利を求めず、いつも冷静・沈着な姿には、頭の下がる思いである。

　本書の出版にあたったは、福岡の地元の出版社である。海鳥社社長の西俊明氏に大変お世話になった。雑な原稿が、一書になることが出来たのは、西氏と部下の職員のお骨折りの賜である。ありがとうございました。

注1　国立国会図書館のホームページから雑誌記事索引を検索すれば、すぐに調べることができる。なお、ハーグ条約と表現される条約は、オランダのハーグで締結された国際私法条約の総称であり、「武力紛争の際の文化財の保護に関する条約など、多様なものが含まれている。このため「国際的な子の連れ去りの民事面に関する条約」以外のものを除外することが必要。

注2　例えば、オーストラリアでは2006年に家族法を改正しているが、家族法改正に関する大規模な研究が行われ、オーストラリア政府と国立家族問題研究所から、*Evaluation of the 2006 family law reform* と題する本文379頁、付録21頁の報告書が2009年に刊行されている。この報告書の要約版を紹介したものに、犬伏由子監修、駒村絢子訳「オーストラリア二〇〇六年家族法制改革評価報告書（要約版）」（翻訳）、慶応大学『法学研究』84巻3号、2011年がある。

参考文献(附章を除く)

英文文献(発行年順)

Nicholas Long and Rex Forehand(2002). *Making Divorce Easier on Your Child*. Contemporary Books.

Peter G. Jaffe, Nancy K.D. Lemon & Samantha E. Poisson(2003). *Child Custody & Domestic Violence*. Sage Publications.

Joan B.Kelly(2005). Developing Beneficial Parenting Plan Models for Children Following Separationn and Divorce. *Journal of American Academy of Matrimonial Lawyers.Vol9*.

Mary Kay Kisthardt(2005). *The AAML Model for a Parenting Plan. Journal of the American Academy of Matrimonial Lawyers. vol.19*.

Alison Clarke-Stewart & Cornelia Brentano(2006). *Divorce Causes and Consequences* Yale Univ. Press.

John Hartson and Brenda Payne(2006). *Creating Effective Parenting Plan*. American Bar Association.

Mavis Maclean ed.(2007). Parenting after Partnering. Hart Publishing.

Zoe Stern, Evan Stern & Ellen Sue Stern(2008). Divorce is not the End of the World. Tricycle Press.

Nancy Ver Steegh & Clare Dalton(2008). *Report from the Wingspread Conference on Domestic Violence and Family Courts. Family Court Review*. 46(3).

Peter J. Favaro(2009). *Smart Parenting During and After Divorce*. McGraw-Hill.

Warshak, R.A.(2010). Family Bridges : *Using Insights from Social Science to Reconnect Parents and Alienated Children*. Family Court Review, 48(1).

日本語文献(著者名のあいうえお順)

青木聡「面会交流の有無と自己肯定感／親和不全の関連について」『大正大学カウンセリング研究所紀要』34号、2011年。

青木聡「＜片親疎外＞に関する最新情報」『大正大学研究紀要』第96輯、2011年。

青木聡「アメリカにおける面会交流の支援制度―離婚手続きの流れと監督付面会交流の実際―」『大正大学カウンセリング研究所紀要』35号、2012年。

赤石千衣子著『ひとり親家庭』岩波新書、2014年。

安部隆夫他「面接交渉等に関する父母教育プログラム」『家庭裁判月報』55巻4号、2003年。

池田由子著『引き裂かれた子どもたち』弘文堂、1989年。

石川亭「アメリカ合衆国カリフォルニア州及びオレゴン州における子の監護に関する事件の処理の実情について」『家庭裁判月報』55巻6号、2003年。

FPIC面会交流援助事業部『面会交流援助事例集』社団法人家庭問題情報センター、2008年。

NPO法人Wink編『親が別れても愛される権利がある』ひつじ書房、2003年。

NPO法人Wink編『離婚家庭の子どもの気持ち』日本加除出版、2008年。

NPO法人Wink編『Q&A親の離婚と子どもの気持ち』明石書店、2011年。

NPO法人しんぐるまざあず・ふぉーらむ編『シングルマザーのあなたに』現代書館、2008年。

大阪ファミリー相談室『面会交流援助の現状と課題』FPIC大阪ファミリー相談室、2010年。

大谷美紀子他著『渉外離婚の実務』日本加除出版、2012年。

小澤真嗣「子どもを巡る紛争の解決に向けたアメリカの研究と実践－紛争性の高い事例を中心に－」『ケース研究』272号、2002年。

小澤真嗣「家庭裁判所調査官による＜子の福祉＞に関する調査」『家庭裁判月報』61巻11号、2009年。

小田切紀子著『離婚を乗り越える―離婚家庭への支援をめざして―』ブレーン出版、2004年。

小田切紀子「子どもから見た面会交流」『自由と正義』2009年12月号。

梶村太市「子のための面接交渉」『ケース研究』153号、1976年。

梶村太市「『子のため面接交渉』再論」小野幸二教授還暦記念論集『21世紀の民法』法学書院、1996年。

梶村太市著『新版離婚調停ガイドブック』日本加除出版、2004年。

梶村太市「『子のための面接交渉』再々論」小野幸二教授古希記念論集『21世紀の家族と法』法学書院、2007年。

梶村太市「民法766条改正の今日的意義と面会交流原則的実施論の問題点」『戸籍時報』692号、2013年。

梶村太市「親子の面会交流原則的実施論の課題と展望」『判例時報』2177号、2013年。

神原文子編『ひとり親家庭を支援するために―その現実から支援策を学ぶ―』大阪大学出版会、2012年。

神原文子著『子づれシングルと子どもたち』明石書店、2014年。

栗林佳代著『子の利益のための面会交流―フランス訪問権論の視点から―』法律文化社、2011年。

桑田道子「面会交流の支援」『法律時報』85巻4号、2013年。

小嶋勇『離れていても子どもに会いたい』生活書院、2011年。

最高裁判所事務総局家庭局編『新訂家事調停関係法規の概説』日本調停協会連合会、2009年。

佐々木健「面会交流における子の意思」『法律時報』85巻4号、2013年。

佐々木正美著『ひとり親でも子どもは健全に育ちます』小学館、2012年。

佐藤ミツアキ著『パパのラブレター――子供たちと離れて暮らすパパの日記－』リトル・ガリヴァー社、2010年。

下夷美幸著『養育費政策にみる国家と家族―母子世帯の社会学―』勁草書房、2008年。

社団法人家庭問題情報センター『夫婦の危機と養育機能の修復』2003年。

社団法人家庭問題情報センター編『離婚した親と子どもの声を聴く』2005年。

ジョーンズ、コリンP.A.『子どもの連れ去り問題』平凡社新書、2011年。

椎名麻紗枝、椎名規子著『離婚・再婚と子ども』大月書店、1989年。

新川てるえ編『離婚家庭の面接交渉実態調査―パパ、ママ離婚しても会えるよね？』ひつじ書房、2005年。

新川てるえ編『離婚後の親子関係サポートBOOK』ひつじ書房、2006年。

進藤千絵、小澤敦子「アメリカにおける離婚後の子の監護と面会交流について―ニューヨーク州を中心に―」『家庭裁判月報』64巻4号、2012年。

瀬木比呂志著『絶望の裁判所』講談社現代新書、2014年。

棚瀬一代著『離婚と子ども』創元社、2007年。

棚瀬一代著『離婚で壊れる子どもたち―心理臨床家からの警告―』光文社新書、2010年。

棚瀬孝雄「両親の離婚と子どもの最善の利益」『自由と正義』2009年12月号。

棚村政行『親子の面会交流を実現するための制度等に関する調査報告書』法務省、2011年（本報告書はインターネットで閲覧、ダウンロード可）。

棚村政行編『面会交流と養育費の実務と展望―子どもの幸せのために―』日本加除出版、2013年。

棚村政行「渉外事件にみる親の離婚と子どもたち―調停への期待―」『調停時報』186号、2013年。

谷英樹「面会交流の実務の問題点と課題」『自由と正義』2009年12月号。

TBSラジオミッドナイトパーティー月刊ポップティーン『バツイチの子供たち―娘から親へ―』飛鳥新社、1994年。

長井憲一・寺脇隆夫編『解説・子どもの権利条約』日本評論社、1992年。

中川明「子どもの意見表明権と表現の自由に関する一考察―いわゆる「ゲルニカ訴訟」の『意見書』から―」『北大法学論集』50巻2号、1999年。

中川明「子どもの権利をどうとらえるか―保護と自律のはざまで―」『明治学院大学法科大学院ローレビュー』2巻3号、2006年。

中澤智「アメリカ合衆国カリフォルニア州及びワシントン州における離婚事件の処理の実情について」『家庭裁判月報』59巻3号、2007年。

西村健『地の底のヤマ』講談社、2011年。

日弁連法務研究財団、離婚後の子どもの親権及び監護に関する比較法的研究会編『子どもの福祉と共同親権―別居・離婚に伴う親権・監護法制の比較法研究―』日本加除出版、2007年。

二宮周平「家族法と子どもの意見表明権―子どもの権利条約の視点から―」『立命館法学』256号、1997年。

二宮周平、榊原富士子著『離婚判例ガイドブック（第2版）』有斐閣、2006年。

日本弁護士連合会両性の平等に関する委員会編『離婚と子どもの幸せ―面会交流・養育費を男女共同参画社会の視点から考える―』明石書店、2011年。

沼邊愛一他編『現代家事調停マニュアル』判例タイムズ社、2005年。

野口康彦著『親の離婚を経験した子どもの精神発達に関する研究―学生と成人を対象にして―』風間書房、2012年。

波多野里望著『逐条解説　児童の権利条約』有斐閣、1994年。

Vi-Project『子どものための面会・交流サポートプロジェクト』特定非営利活動法人FLC安心とつながりのコミュニティづくりネットワーク、2006年。

氷室かんな著『離婚後の親子たち』太郎次郎社エディタス、2005年。

平松千枝子他『親の離婚を経験した子どもの成長に関する調査研究―家族として再編成するために―』財団法人子ども未来財団、2013年。

細矢郁、進藤千絵、野田裕子、宮崎裕子「面会交流が争点となる調停事件の実情及び審理の在り方－民法766条の改正を踏まえて－」『家庭裁判月報』64巻7号、2012年。

報告シンポジューム「面会交流の理論と実務」（その1）（その2）（その3・完）『戸籍時報』2012年9月号、2012年11月号、2012年12月号。

円より子編『離婚の子供レポート』フジタ、1985年。

三島悟著『「離活」時代―離婚屋が見た、夫と別れたい妻たち―』扶桑社新書、2010年。

村本邦子、窪田容子著『離婚と子育て』三学出版、2004年。

山口恵美子『子どもが主人公の面会交流―離婚後も子どもの成長を支える父母からの贈り物―』公益社団法人家庭問題情報センター、2013年。

山口祐二著『子どもの気持ちを聴くスキル』ミネルヴァ書房、2014年。

善積京子著『離別と共同養育―スウェーデンの養育訴訟にみる「子どもの最善」―』世界思想社、2013年。

養育費相談支援センター『シンポジューム　子どもたちの未来を育てよう―面会交流と養育費を考える―』2014年、養育費相談支援センター。

若林昌子「家事事件における子の意思」（石川稔他編『家族法改正への課題』日本加除出版、1993年）。

若林昌子「子の監護法制の動向と現代化への課題―面会交流の実務、国際間の子奪取ハーグ条約問題を中心に―」明治大学『法律論叢』84巻2・3合併号、2012年。

渡部信吾「子の監護を巡る親教育プログラムについて―米国ネブラスカ州ダグラス郡の実情―」『ケース研究』303 号、2010 年。

渡辺義弘「子の監護・引渡をめぐる紛争の法的解決の今日的課題―子ども代理人による三面関係の手続保障―」『青森法政論叢』11 号、2010 年。

翻訳文献（訳書発行年順）

クランツラー、メル著、佐藤正晃訳『離婚の設計』講談社、1975 年。

ガードナー、リチャード著、深沢道子訳『パパとママの離婚』社会思想社、1980 年。

ローフス、エリック編、円より子訳『子どもが書いた離婚の本』コンパニオン出版、1982 年。

ゴールドステイン、ソルニット著、片岡しのぶ訳『離婚と子ども』晶文社セレクション、1986 年。

リチャード、A. ウイリス、I. 著、詫磨武俊他訳『親の離婚』ブレーン出版、1986 年。

ゴールドステイン，ジョセフ，フロイト，アンナ，ソルニット，アルバート J. 著、島津一郎監修・解説、中沢たえ子訳『子の福祉を超えて』岩崎学術出版、1990 年。

ウオラースタイン、ジュディス他、高橋早苗訳『セカンドチャンス―離婚後の人生―』草思社、1997 年。

ガードナー、リチャード著、鑪幹八郎他訳『シングル・ペアレント・ファミリー』北大路書房、1999 年。

イリサ P. ベイネイデック他著、高田裕子訳『離婚しても子どもを幸せにする方法』日本評論社、1999 年。

エヴェレット、クレイグ他著、矢羽根薫訳『健全離婚マニュアル』ピアソン、1999 年。

ウオラースタイン、ジュディス他、早野依子訳『それでも僕らは生きていく』PHP、2001 年。

バンクロフト、ランディ他著、幾島幸子訳『DV にさらされる子どもたち』金剛出版、2004 年。

アーロンズ，コンスタンス著、天冨俊雄他訳『離婚は家族を壊すか』バベル・

プレス、2006年。

カルター、ニール、北川玲訳『離婚と子どものこころ』創元社、2009年。

ウオーシャック，リチャード A. 青木聡訳『離婚毒』誠信書房、2012年。

J.A. ロス＋J. コーコラン著、青木聡＋小田切紀子訳『離婚後の共同養育と面会交流』北大路書房、2013年。

子ども向け書籍（発行年順）

ブルーム、ジュディ作、長田敏子訳『カレンの日記』偕成社、1977年。

ピアソン、K. 作、足沢良子訳『床下の古い時計』金の星社、1990年。

クレメンツ、アンドリュー著、田中奈津子訳『こちらランドリー新聞編集部』講談社、2002年。

エーリッヒ・ケストナー作、池田香代子訳『ふたりのロッテ』岩波少年文庫、2006年。

絵本（発行年順）

マージィ・ヒーガード作、清水恵美子訳『別れたパパとママに会いたいんだ』法蔵館、2003年。

河原まり子著『しあわせな離婚』白亜書房、2004年。

ヴィッキー・ランスキー著、中川雅子訳『ココ、きみのせいじゃない』太郎次郎社エディタス、2004年。

ボー・R. ホルムベルイ作、エヴァ・エリクソン絵、ひしきあきらこ訳『パパはジョニーっていうんだ』BL出版、2004年。

薩摩菜々作、永松美穂子絵『あしたてんきになあれ』未知谷、2005年。

マジュレル文、デントン絵、日野智恵、日野腱訳『おうちがふたつ』明石書店、2006年。

ベス・ゴフ文、スーザン・パール絵、日野智恵、日野腱訳『パパどこにいるの？』明石書店、2006年。

ローリーン・クラスニー・ブラウン文、マーク・ブラウン絵、日野智恵、日野腱訳『恐竜の離婚』明石書店、2006年。

ストーリー笠松奈津子、絵こばやしまりこ『ぼく、健太』養育費相談支援センター、2013年。

宮﨑昭夫（みやざき　あきお）1942年に福岡県に生まれる。1969年3月、同志社大学大学院文学研究科社会福祉学専攻修士課程修了。同年4月、福岡家庭裁判所家庭裁判所調査官補。家庭裁判所調査官研修所養成部を経て、家庭裁判所調査官。岡山県立短大専任講師、四国学院大学助教授、同教授を経て、1996年、福岡県立大学教授。2008年3月、福岡県立大学を定年退職、同名誉教授。1998年10月〜2014年9月、家事調停委員。現在は、公益社団法人家庭問題情報センター福岡ファミリー相談室相談員。ＮＰＯ法人北九州おやこふれあい支援センター理事長。主な著書には、『老人福祉論』（海声社）など。主な論文には、「米国における老人ホーム入所者のためのオンブズマン制度」（『四国学院大学論集』82号、「米国における社会福祉協議会の発展と衰退」（『福岡県立大学人間社会学部紀要』16巻1号）など。

親の離婚と子ども
子どもを支える工夫を求めて
■
2014年10月10日　第1刷発行
■
著者　宮﨑昭夫
発行者　西　俊明
発行所　有限会社海鳥社
〒812-0023 福岡市博多区奈良屋町1З番4号
電話092(272)0120　ＦＡＸ092(272)0121
http://www.kaichosha-f.co.jp
印刷・製本　九州コンピュータ印刷
ISBN978-4-87415-923-1
［定価は表紙カバーに表示］